これこそ！上司の仕事

どんな部下でも必ず伸ばす
上司が知るべき55のツボ

小山 俊

すばる舎

はじめに

本書を手にしてくれているあなたは、何人の部下を抱える「上司」でしょうか。

50人でも10人でも、たった1人でも「部下」がいるのであれば、あなたは社内で「上司」と呼ばれる立場にいるのです。

なぜ、会社はあなたを「上司」にしたのだと思いますか？

会社からは、上司であるあなたに、どんなことが期待されていると思いますか？

大企業であれば、それこそ昇進試験などもあるでしょうから、その答えは明確かもしれません。ですが、特に昇進試験などもない中小企業の場合、どうでしょう。

あなたの上司から、「上司」として期待することや、その責務について、きちんと伝えられているでしょうか。

おそらく、そうでない場合が多いのではないかと思います。

では、あらためて考えてみましょう。「上司の仕事」とは何なのか。

ズバリ申し上げます。

部下を育てて伸ばし、あなた自身も成果を上げること。あなた自身もさらに成長を遂げること。

おそらくこれがあなたの会社や上司が、あなたに期待する「上司の仕事」です。

きっとあなたは名プレイヤーだったのでしょう。だから「上司」として抜擢されているはずです。けれど、名プレイヤーすべてが名監督になるとは限らないことは周知の事実です。プレイヤーとしての資質と、上司としての資質は全くもって別物です。

では、上司に必要な資質とは何でしょうか。

答えは人によっていろいろでしょう。例えば「率先垂範し、頑張っている姿を部下に見せられること」と答える人もいるでしょう。「とにかく思うがままに部下を操り動かすこと」、「部下に対して絶対的な存在として君臨すること」「絶対服従を誓わせるだけのパワーがあること」……答えは所属する社風によっても違ってくることでしょう。

ですが、どんな会社でも、どんな社風でも間違いなく言えることがあります。

上司と部下という関係は、「人」と「人」の関係である、ということです。「人」と「人」

が同じ目的に向かって歩む時､そこにはコミュニケーションが不可欠です。コミュニケーションは何でとるのか。ほとんど場合は、会話などによる言葉によってとられます。

本書では、この点に重きを置き、上司としての仕事をまっとうするために、どう言葉を使っていけばいいのか、どう部下にアプローチすることでお互いが共に成長できるのかを探ってまいります。

言ってしまって、言わなくて、言い方が悪くて、悔いを残してしまったという経験がありませんか。言葉は、使い方によっては、強力な武器にも、また時として相手に大打撃を与える凶器にもなるものです。

人の上に立つ「上司」という立場にある人の中には、仕事はできても、人とのやり取りが不器用という人が少なくありません。それが、仕事の品質や成果に大きなマイナスをもたらします。

人とのやり取りで鍵となるのは、相手に上手く「働き掛け」ができるかどうかです。

部下は、上司を選べません。従うしかないという立場です。上司から見れば、直接的に押し付けのきく「最大の顧客」と言ってもいい存在です。なのに、やり取りが稚拙で、良い関係が築けないことが多いのです。

また、そのことに気が付いていても、対処の術がなかったり、誰からも教えてもらえない状態にある人が大勢います。それでは、仕事はできるのに、人とのやり取りが下手、上司としてはイマイチだという烙印を押されてしまいます。


上司という立場にある人にとって、人とのやり取りとは、すなわち人使いであり、人育てです。

やり取りが上手くなるにはこれらのハウツーを自分のものにしなければなりません。ハウツーを侮る人もいますが、仕事はハウツーで始まり、ハウツーの使い方で能力差が生じます。ハウツーは、ものごとを遂行していく上での要領でもあります。要領はスキルであり、テクニックです。人とのやり取りの要領（スキルとテクニック）をきっちりと身に付けていくことで、仕事や人材の品質・向上は保証されます。

要領がいいと言われると、軽い人のように見られがちですが、そうではありません。要領の中身は、真面目、不真面目を超えた超真面目とも言えるのです。つまり、真面目をベースとして、さらにスキルとテクニックで加工したものが要領なのです。そのスキルとテクニックの中でも、最重要となる点が、ツボ。要領のいい人は、これらのツボを、それこそ要領良く身に付けて自分のものとしています。

部下とのやり取りにおいて、ほんのちょっとの要領さえ発揮できたなら、小さなツボさえ飲み込んでいたなら、もっと上手くいったはずだというケースは日常茶飯事に起きています。

人は、時には、他人の失敗を喜んだり成功をうらやんだりするものです。自分が得をしていて、相手が損をしていたりするのを平然と眺めてほくそ笑むものです。特にものごとのツボをほんの少しでもそなえて弁えている人は、それを弁えていない人に無言の優越感を抱いています。

ほんのちょっとした口のきき方、コミュニケーションのやり取りが、名君と暴君、非凡君とぼんくら君の差を生みます。名君と暴君、そして非凡君とぼんくら君も、初めからそうであったわけではありません。日々の積み重ね、ツボの蓄積度具合で決まってきます。経験、学習、そして新しい状況への対応、その局面局面で、役割に基づく人間関係形成が培われて、価値を増大させていきます。

本書では、人間関係形成をベースに、部下への働き掛け、上司の仕事をまっとうするために、部下とのやり取りをケース毎に、テーマ中心に展開していきます。

上司の言動によって、部下の仕事の品質や成果に過大の開きが出ることを、あなた自身が試行錯誤しながら学んでいってください。

本書が、職場や社会において、読者の皆様の人間関係形成を豊かなものにする一助となれば、これを送る著者として、この上ない幸せです。

２０１４年２月　吉日

小山　俊

これこそ！　上司の仕事　もくじ

第1章

上司になったら、部下を「育てる」のが責務

第２章

たった一言で部下を動かす極意

第３章

上司が変われば周りも変わる

装丁　遠藤陽一（デザインワークショップジン）

第1章

上司になったら、部下を「育てる」のが責務

1 「指導」と「育成」の違い

○……頼りたい頼られたい気持ちは上司に向けられる

上司が部下を導き育てる時、「教えることのできるもの」、「学ばせなければならないもの」、もう1つ、「自らが範を示さなければならないもの」と、3つの領域があります。

教えることのできるものには、マニュアルなどが用意され、それに準じて展開すればいいでしょう。学ばせなければならないものには、あらかじめ道具、教材（ツール）を準備し、気づきを求めた形で展開します。「自ら範を示さなければならないもの」には、自らの生き方、価値観が大きく問われます。

人は本能的に自らを高めたいと希望するものですし、自らを高めてくれる人に頼ろうとします。その結果が、上司に対する評価として表れるのです。

「ウチの上司は一方的な指示しかしてくれない」

「指導」と「育成」の違い

【指導】

日常行動の中で、機会を捉えて標準以上に導く働き掛け

→　向上・成長への後押し

【育成】

中長期の視点で捉えて必要とされる能力（知識、技術、態度、意欲）の開発・発展を促す

→　期待される人材への育成という捉え方

「指導、育成、そんなことをしてもらったことがない」
「ウチの課長の頭の中は数字ばかりだ」
「下なんか道具よ。上ばっかり見ていて上の言いなり」

　こんな言葉が部下から聞かれるなら要注意です。

　ところが、そういう声は、上司の耳に入る機会も少ないし、聞こえても聞こえないふりをしてしまうものです。しかし、この声の裏には、もっと成長したい、いまある状況から、もっといい状況を形成したいという切実な願いが込められていることを無視してはなりません。

　人の上に立つ人は、数字や数値も欠か

せませんが、それ以上に部下の指導、育成をいかにすべきかを考えなくてはなりません。

部下なら誰でも、人から頼りにされたい、また、上司を頼りたいという気持ちを抱いています。上司の仕事とは、部下の気持ちを常に把握し、それぞれの部下に応じたそれぞれのアプローチを的確に行なうことと言ってもいいのです。

長い仕事人生を振り返って、「私は良き人生の師、仕事の師に恵まれた」と言い切れる人を何人残せるか……。上司は仕事の師であり、人生の師でもあるのです。それには、慕ってくれる部下を一人前の仕事師、社会人に指導、育成し得る能力を具備していなければなりません。

「何が目下のあなたの関心テーマか」

「いまの仕事をどう進めれば、もっと効率的、生産的にできるか」

「私には、何でも遠慮せずに申し出るように」

「私も、キミたちと一緒に勉強していくよ」

こんな言葉が、どのくらい職場の中で語られていますか？

仕事におけるすべての機会が、指導育成の対象となります。上司から部下への働き掛けすべてが、部下を教えることになるのです。

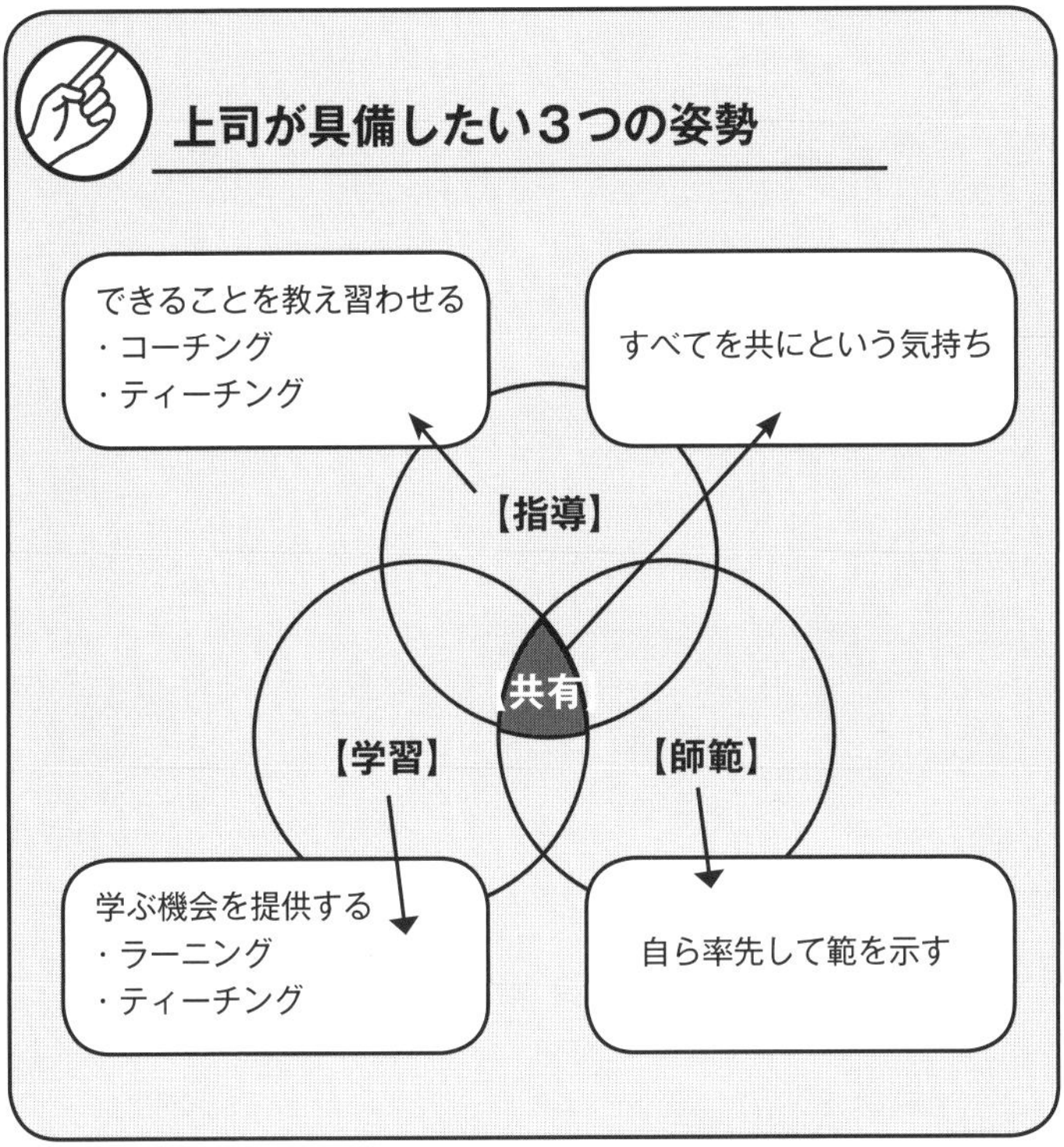

また、上司と部下は共に育つものであることを心掛けるようにしてください。それが、最上の指導育成となるのです。

2

「理想像」を描いて挑戦させる

○努力・挑戦が好きでない部下をどうするか？

世間には、日々をただ過ごせばいいという生き方をしている人が少なくありません。挑戦とか努力といった目標に向かう生き方が嫌で今日も明日も、何に気を使うこともなく、ただ過ぎていくことを最大の喜びとする自分に抵抗を感じない……。自分に無理強いしない、気ままな日々を積み重ねて人生をまっとうしたいと考えているのでしょうか。

そういう生き方は、仕事面にも及んでくると私は考えています。望みを高くせず、慌てず、無理せず、マイウエイで仕事を遂行する。本人はそれでよくとも、会社としてはとんだ社員を雇ったことになってしまいます。

映画「釣りバカ日誌」を思い出してみてください。主人公のハマちゃんは、仕事はそこそこで、趣味の釣りに夢中で、やりたいことをマイペースでやって生きています。時には釣りが縁で思いがけなく仕事を成就することもありますが、それは映画の中のお話だからのこと。リアルにハマちゃんのような生き方をしようとしても、難しいでしょう。

そんなハマちゃんのように、享楽的人生、その日暮らしの生活を追求する人たちが少なくありません。このような人たちは、多くの場合、目標や理想像を、今日の鯛、明日のヒラメといった具合に、趣味を中心に置き換えてしまっているのです。何がなんでも、是が非でも「これをする」という意識、意欲が希薄で、もしできそうならするけれど、無理そうならばムダな努力、挑戦は敢えて辞退するのです。

「いつか貧乏になる」と言って安易に日々を過ごせば、必ずその通りになります。かといって、「いつか金持ちになる」と言っても気持ちや夢だけでは、やはり貧乏で終わります。

大切なのは、例えばお金を貯めると決めたら、いつまでに、どのくらい、そのために何をやり、何を犠牲にしなければならないかを考えることです。

そして、そのプログラムを頭の中に叩き込み、無理を乗り越え、挑戦、努力を積み重ねさせなければなりません。

つまり、目標とする姿を描き、そこに辿り着ける青写真を描く必要があるのです

目標・理想像の描き方

何を目標とし、どのように描いていくか、具体的な例を挙げてみましょう。
まず、次の①〜⑤について、その順番通りに頭の中で整理していきます。

①目下、置かれている自分の現状
②目下、自分に備わっている能力面での強み、弱み
③将来的に目指す自分のポジション
④そのために必要とされること（時、金、人、情報、機器、設備など）
⑤それら獲得のための具体的プラン

このような内容を部下に常日頃から考えさせ、地道に努力・挑戦を繰り広げていかなければなりません。それを継続的に行なった人こそ、成功、成果を確実なものにしていけるのです。せっかくの理想像を、絵に描いた餅に終わらせてはならないのです。

「1年先のあなたはどうなっていると思うか」
「3年先にはどんなことをしていたいと思うか」
「常に5年、10年先の自分の姿を描いて、いま何をやらなければならないかを考えながら、仕事に取り組む」
「いまの仕事を通して、1年、3年先にはどんな自分を描いているのか」

こんな言葉の投げ掛けをして、部下に理想像の必要性、重要性を示唆すると同時に、上司も自分なりの理想像を立て、それへの努力、挑戦を怠らない。そういう姿を周囲にも見せていくことが大切です。

いま行なっている仕事が明日を保証してくれるのかと、自分と部下に常に問い掛けてみてください。また、自分の人生の指標と仕事の指標を合致させることにより、より「理想像」が明確になります。

3 教訓を活かさせる

教訓を活かせないと失うものは大きい

整理整頓のコツはただひとつ。出したものは必ず元に戻すということです。ところがこれができないものだから、モノの山ができ、書類が行方不明となります。わかっていても、整理整頓ができない人は、この原理原則を教訓とできず、実行することができません。当然、モノの山の中で暮らすことになります。

職場における問題解決は、過去の教訓をベースに解決が図られたり、予防処置が施されたりするものです。いわば、組織的学習がなされ、その学習効果が有形・無形の形で蓄積されています。

次の話は、落語で語られるものですが、「教訓」の捉え方として示唆に富んでいます。

民話「鶴の恩返し」は、とても有名で、多くの人が知っている話です。ストーリーは、ある貧乏な男に助けられた鶴が、人間の女性に姿を変え、その男の家にやって来て、恩返しに機を織る。その反物は都で高額で売れて、男は豊かになる。しかし、その男は、機を織るところを見てはいけないという約束を破り、戸を開けてしまう。女は、約束を破ったと嘆き、鶴の姿に戻って空に舞い上がっていく……というものです。

落語のストーリーも、これをなぞります。落語で面白くしているのは「鶴の恩返し」の教訓を徹底して活かすという点にあります。

鳥を助けた男のところに女性がやって来て同じような展開となります。男は、「鶴の恩返し」の話を教訓にして、一切戸を開けまいと決心します。少しの間、閉ざされた隣の間で、パタパタと機を織る音が鳴り響いているものの、その後シーンとしてしまう。が、教訓を活かすことに終始した男は、頑として戸を開けませんでした。1日、2日と経つが、音はしない。3日目、怪しんだ男は仕方なく戸を開けると、そこには女性の姿はおろか、家財・財産をすべて持ち去られてしまっていたのです。男が助けたのは確かに姿は白い鳥であったのですが、それは鶴ではなく鷺だったという「オチ」です。

教訓は、上手く活かしてこそ、得るものがあります。前例がああだからといって、それを鵜呑みにしたのでは、落語版の「鶴の恩返し」のように失うものが大きいこともあるのです。

また、学習し、より多くの教訓を蓄えることは欠かせません。

蓄えた教訓を効果的・生産的に活かすことも大事なことです。学習能力の低い人は、教訓の蓄積も少ないし、その活用に関しても、効率が悪く、生産性が低いことが多いはずです。

○……学習能力が低く、教訓が活きない部下へはアプローチを変えてみる

「何回言ったらわかるんだ」……言ってもわからない

「前にも同じようなことをやったはずだ」……前例を活かす力不足

「何で同じミスを再三繰り返すのだ」……集中力が甘い

「もっと先を読んだ仕事ができないのか」……当面処理しか眼中にない

「順序立てて、ものごとを優先的にできないのか」……ものごとの優先順位が的確に付けられない

こういった言葉を、浴びせなければならないような部下は、学習能力が低く、教訓を効率的・生産的に活かすことが難しいと考えられます。そんな部下には別なアプローチ

を試してみてください。

①放す……何度言ってもわからないなら、いっそのこと言うのをやめる

②緊張感を与える……「常に新規だと思って対処しなさい」といった言葉掛け

③徹底的なチェックを欠かさない……ミスをあえて指摘して部下と一緒にチェックを行なう

④仕事の手順を示す……多少口うるさいと思われたとしても丁寧に示す

⑤ひとつのことに限定させる……優先順位を付けてから仕事を渡す

以上のようなアプローチをとるしかありません。学習は重要なことですが、教訓を有効に活かせない人は、学習能力も低いものです。

そういう人には、より多くを望んでも、望んだ上司がつらい思いをするだけです。限られた枠の中での戦力化を図ったほうが得るものが多いはずです。

4 放っておいても部下は育つが、育てるからこそ信頼が生まれる

○「背中を見て学べ」ではもう誰もついてこない

親はなくとも子は育つという言葉があります。親らしいことをしなくとも、子どもはそれぞれに育っていくものです。しかし、育ちはするものの、その育ち方に限界があります。ただ、加齢を重ね、体重・身長が伸びていくというだけの育ち方でいいものかどうかということです。

自分の子どもについて、それだけでいいと言う親はどこにもいないでしょう。子どもに夢を託し、子どもの願いを叶えてやりたいと思うものです。そのために、あれやこれやと手を掛け、親としての「働き掛け」に努めようとします。

職場においても同じことが言えます。ところが、

「オレの後ろ姿を見てついてこい」

「仕事をしてさえいれば、自然と人は成長するものだ」
「人は育てるのではなく、育つものだ」
「人を頼ろうなんて、甘え以外の何ものでもない」

このような言葉で、部下を叱咤激励している上司が多くいます。自分がそうやって育ってきたからと、平然とこのようなせりふが吐けるのでしょう。

自分に過大な自信がある上司は、自分の後ろ姿を追ってくれれば、自分のレベルには到達できると思い込んでいるのです。しかし、こんな言葉を掛けられた部下は、迷惑以外何でもありません。

部下の育成で、自分のクローンを作っていたのでは、進歩・向上はありません。自分を遙かに凌ぐ人材を輩出させていくことにこそ、育成の妙味があるのです。上司自身がそのように意識転換を図らないと、先のような暴言ともとれる言葉を平然と吐いてしまうのです。

仕事はできても人が育てられない上司は多い

仕事はできるが、人育てが苦手という人は多くいます。仕事と人育てとは、全く異次元のことなのです。仕事ができるから人育てもできるはずと、イコールで結び付けてしまうことは、組織としては避けるべきです。仕事はできないが、逆に人育ての上手い人だっているのですから。

もちろん理想は、仕事ができて人育てもできる人です。そのような人は少ないですが、仕事のできる人が、ほんの少し、人育ての着眼点を持つだけで理想に近付くことは充分に可能です。

そのためには、次の3つのことを意識してください。

①コミュニケーションの質量を、いまより増やす
②任せる範囲を決め、任せたらとことん信じ切って任せるようにする
③部下の少し上、少し先を共に考える機会を持つ

職場で人育てが下手な人は、この3つを部下との間ではほとんどやっていないはずです。そして、部下に対して出る言葉は、

「人に能力差はない。あるとすれば、それは根性のみ」

といった言葉なのです。すべてを根性論で丸めようとするのです。すると部下は、「この人は理解のない上司だ」と品定めをすることになります。一度部下からそのような評価を下されてしまえば、両者間のコミュニケーションは仕事のやり取りのみで、成長に繋がるやり取りは望めないでしょう。

「仕事ばかりやらされて、あの人（上司）からは、何も得るものがなかった」

部下から、こんなことを言われたら、人間関係形成だけでなく、職場人生も、真っ暗闇、これまでの自分がすべて否定されたも同然です。

「近頃の調子はどう？」など何でもいいので、少なくとも日に3回は、部下に声を掛けコミュニケーションの量を増やす努力を上司であるあなたがすべきです。

「あなたの提案の件だが、若年層のニーズ分析が少々甘い気がするが……」必ず内容の吟味、検討を求めるなどして、コミュニケーションの質の充実を図るのが上司であるあなたの仕事でもあります。

「将来的展望は？ この仕事を通じて、あなたはどんなものを掴みたいと思う？」夢を語り、テーマを課し、共に仕事をし、共に育つ。いわゆる「共育」の精神を形にして共有化してください。

職場は、上司と部下が共に育つ場です。仕事は将来の夢を育むものだと、双方で思うことにより、相互信頼関係が増してきます。

相互に信頼関係がなければ、人育てなど到底不可能なのです。

部下は、仕事と人育てを両立できる上司を求めています。もちろん、組織があなたに求めることも同じでしょう。

部下は、そのような上司と仕事ができた期間を、仕事人生で最高だったと評価するのです。

人は放っておいて育つものではありません。目標を高めて「育てる」という哲学を大事にしていってください。

5

上司は部下の研究を怠ってはならない

○下3日で上を知る、上、下を知るには3年かかる

年上の部下は扱いにくいとか、異性の上司はどういうものかという話が、酒席で取りざたされたりします。その最たる原因は、研究不足でしかありません。扱いにくいとか、合わないといった極めて抽象的な表現でもって、部下との人間関係を捉えているのです。

人を見て法を説けとか、馬の耳に念仏といった諺がありますが、相手をよく見ないで行動する愚を戒めている諺です。年上というだけで、異性というだけで、相手の研究もせず我が思いのみを先行させるのは、それはまさしく、相手構わず法を説く、念仏を唱える行為と同じと言えるでしょう。

では、部下を研究するとはどうすることでしょうか。

人の性格の四重奏

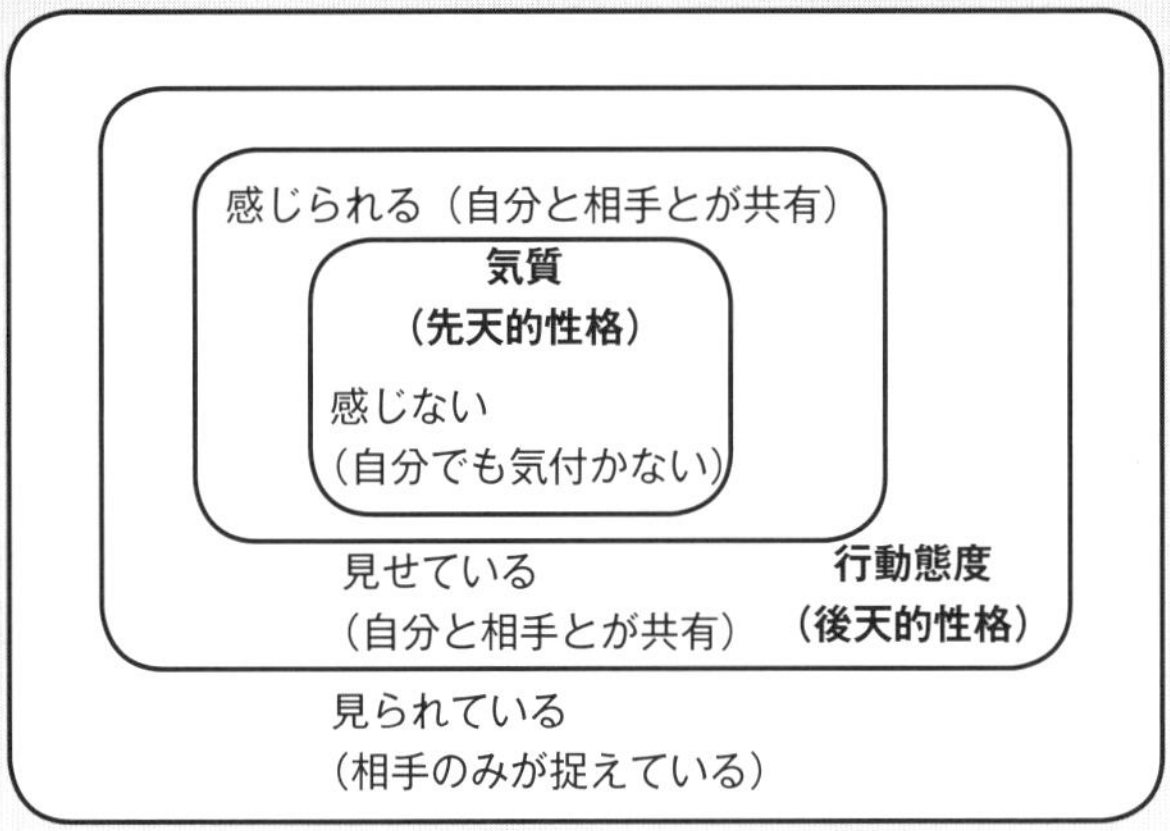

①「見る」から「視る」に（漠然とから問題を絞って）

②「聞く」から「聴く」に（漠然とから目的を持って）

③「わかる」から「判る」に（明確から的確に）

人を捉える際、見たり聞いたりしただけで、わかったつもりになりがちですが、人は奥が深いものです。自分と相手とが共有している部分はごくわずかです。それをもって、相手のすべてだとするところに、人間関係を形成する際に大きな間違いが生じます。

○……「視る」「聴く」「判る」とは？

では、「視る」「聴く」「判る」は、相手をどのように捉えるのか、例を挙げてみましょう。

①**視る**……36ページの図の「見せている部分」の共有化部分を膨らませることで、「見られている部分」とすり合わせを行ないます。例えば、「高飛車な態度」を取るというのは「見せている部分」です。しかし本当は、高飛車な態度を取ることで、自分の弱さをカバーしようとしていることが往々にしてあるものです。上司には、このような深層の捉え方が求められます。

②**聴く**……例えば、偉そうに一端ぶっているとか、語調を荒げているとしても、根は優しいという人もいます。ただ、役目柄演じているだけなのだということを捉える必要がありそうです。

③**判る**……ムリな数字を押し付けてきているものの、これをクリアしないと、自分の

部署ばかりか会社の存亡に関わる……。それで、目標数字のクリアばかりを強調しているのです。わかっていることでも、もっと絞り込んで的確に捉えなければなりません。

「あのー、課長のおっしゃっていることが見えませんが」
「課長は人の意見を聞く耳をお持ちなのですか」
「それはわかりますが、どうすればいいのですか。具体的な方法を示唆してくださいよ」

こんな言葉が向けられるようであるなら、上司として部下の研究不足です。腹を括って、もう一歩、部下サイドに食い込んでいかなければなりません。

人は、ピンチに追い込まれたり、極端に焦ったりすると本心や本音がさらけ出てしまうものです。上司は、そういった時を逃さず見ておくといいでしょう。

また、部下のうわべだけで判断してはいけません。「湯は上のほうのみが熱い」というように、底までかき混ぜてみないと本当の温度はわからないものです。

6

部下の立場を頭と心で捉える

部下が欲することを与えるのも上司の役割

ある日の昼休み、路上で、従業員たちがキャッチボールを楽しんでいました。そこに、社長と専務を乗せた社用車が通りがかりました。

「山田君、あれはうちの従業員かね」

「はあ、即刻止めるように注意します」

「いいんだ。それより、彼らが安心してキャッチボールを楽しめる広場を見付けてやってくれ」

まだ、町工場時代のある大手化粧品メーカーの社長と専務のやり取りです。

相手の立場に立つということをしっかりわきまえている上司は、部下の操縦にも抜け目なく対処できるものです。

この逸話を次の逸話と比較してみて、相手の立場に立つことの本質を掴んでみてください。

あるケーキ屋さんの店先でのお客さんと店員との対話です。

「あれとそれ、それからそこのをそれぞれ3つずつください」

「おばあさん、あれとかそれではわかりませんよ。ちゃんと名前で注文してくださいよ」

「名前ですか？　名前はトメですよ」

「は？　……」

この逸話と前の逸話で、決定的な相違は、相手の立場に立った対応ができているかということです。

相手の立場に立つということは、相手の状態（ニーズ）に自分を合わせることであり、こちら側の欲求に合わせてもらうことではありません。相手にとって、ベストな対応は何か。それを常に念頭に置いて対応することこそが、相手の立場に立った対応の本質なのです。

それができるためには、少なくとも次の条件が必要となります。

・頭（能力）レベルが合わせられる
・心（心情）レベルを同じくできる
・技術レベルでの差別化ができる

社長は苦労して町工場を起こした経験から、従業員の状態によく通じていました。

しかし、ケーキ屋の店員は、お客さんの能力レベル、心情レベルが理解できていませんでした。ただ、技術レベルや販売力に長けていたなら、何とか乗り切れたかもしれませんが、このケースの場合、この販売面の技術についても、やや未熟さがうかがわれます。

「お客様、順番におっしゃっていただけませんか？　こちらとこちらですね。はい、ありがとうございます。お客様、この手前のは新作でとても人気があるのですがいかがでしょうか」

「そうかい。じゃあ、追加してそれをひとついただこうかね」

販売の技術に長けていたとしたら、売上に結び付く対応ができたはずです。

よくお客さんはものを買うのではなく、ものを売っているその人（サービス）を買うと言われます。

このように、頭（能力）、心（心情）レベルでもって相手に合わせることが難しいケースは、技術レベルでの創意工夫が必要となることもあります。

上司と部下の関係も同じことが言えます。上司は、部下の欲求を見抜き、かなえられてはじめてリードが可能になるのです。

上司であるあなたは、部下よりも「その道に長けている」はずです。相手の立場、つまり部下の立場に立つということは、部下のレベルに目線を落とすということです。部下のレベルに目線を落とすことができれば、部下の欲求を見抜きかなえることもできるはずです。

7 プロセスにこそ人を活かすチャンスあり

成果はあなたに、プロセスは我がもの

成果主義が多くの企業で採られています。その背景には、能力主義に基づいているという大義名分もあります。成果が問われるとばかりに、とにかく数字を上げようという人も少なくありません。上司としては、その部分をきちんと捉えていなければなりません。

映画の山田洋次監督に起用された俳優の武田鉄矢さんの話です。彼は、簡単に済ませてもよさそうなシーンなのに何度となくNGを出され、耐えきれなくなって泣き出してしまったのです。そこへ山田監督が来て次のように言ったそうです。

「武田さん、喜劇映画は泣きながら作るものなんだよ」

武田鉄矢さんは、この言葉の中に、監督の意を察したと語っていました。すなわち、

人を笑わせるに至るまでのプロセスは、汗と涙まみれの悲劇真顔の闘いがあります。それがあるからこそ、見る人は笑う。笑いは結果、成果なのです。

成果は観客、顧客のものです。プロセスは、その中に、自分のもの、自分の成長を探すこと。それこそが、能力主義、成長主義の本質だと考えられます。

「店長、あのお客さん、よく来てくださるのはいいけど、必ずスプーンやフォークを持ち帰るんです。きっと、今度はトレーを狙っていると思いますよ。取れるものなら取ってみろってもんですよ」

「そんなに頻繁に来てくださる大切なお客様なら、トレーが欲しそうなら丁寧に包装して差し上げなさい」

このように、立場や役割が違えば、ものごとの捉え方が違ってきます。だから、組織は、階層を持たせて、立場や役割で、事業や企業展開の多様性を図らせているのです。したがって、店長と店員とでは、それぞれにものごとの捉え方は違うし、お客の捉え方も違います。もしかすると、さきほどのお客は、店のものをそっと持ち帰るところ（プロセス）に快感を感じているのかもしれません。そうだとしたら、包装されたトレーをもらっても嬉しくもなく、やはりトレーをかすめるでしょう。

上司は、結果や成果だけでものごとを判じるのではなく、その結果・成果を生むに至るプロセスの中に、いったいその人が何を求めていたかを突き止めていかなければなりません。

「そんなにしょっちゅう来てくれるお客様なのか。で、次はこのトレーというわけだね。じゃあ、わざとほんのちょっとの隙を作ってあげてはどうだろう。それであのお客様がどう出るか、さらにトレーの次は何なのか、そんなところを見守りながらサービスに徹してごらんよ」

こんな気の利いたせりふを店員にしてやれたら、店の雰囲気は違ったものになります。人の上に立つ人は、部下を使って、働きやすい、雰囲気の良い職場を作っていくことが最大の使命なのです。

上司にとってみたら、部下こそが最大の顧客です。部下の仕事のプロセスをしっかりと見ながら、部下のニーズをくみとって欲しいものです。

8 「最小律の法則」で最大の成長を発見

必要なこえ（声）掛けのコツとは

動物や植物は人間よりも正直です。なぜなら、こちらが何かをすればその分、必ず成果・成長が表れます。確かに動物や植物は、愛情込めて世話をすれば、必ず期待に応えてくれるものです。

ところが、人はどうでしょう。

動植物へのプラスのアクションは効を奏しますが、人へのそれは目的通りにいかないことが多いのはなぜでしょうか。人は動植物の動態をよく観察した上で何かを与えます。例えば庭木なら、土の状態、根の張り具合、葉や花の付き方を見て、水や肥料を与えます。日当たりが悪ければ場所を変えたりします。

ところが、人から人となると、相手研究が不十分、もしくは欠いた形ですることが多くなるものです。だから、相応の効果どころか、余計な節介とばかりに、マイナスに働いてしまうことが起きるのです。

動植物には「最小律の法則」というものがあるそうです。これは、一番欲しているものによって、その成長・成育が統制されてしまうということです。

いま一本の植物が、最も欲しているのは、リン酸で、他のナトリウムとカリウムは、その次だとします。そんな時に、リン酸がタイムリーに与えられると、この時とばかり、その植物は、目にも鮮やかに成長を遂げます。

このようなことは、人にも当てはまるのではないでしょうか。

いま、部下は、何を最も欲しているのか。何が最も必要なのか。それをタイムリーに与えることで、その人は、それこそ鮮やかに成長・成育を遂げる。それをするためには、日頃から、部下をじっくりと観察し、こえ（肥）を掛けるタイミングを見計らっていなければなりません。

「自分の思い通りに部下を動かせたら……」とは上司の永遠の願望です。ならば、なぜ動かないのかをよく考えてみてください。すると、じっくりと観察しなかった自分に気付くはずです。じっくり観察すれば、部下へのアプローチが見えてきます。

実は、部下は、常に上司からの働き掛けを待っています。ですが、日頃の上司からの働き掛けは、いま最も必要とする働き掛けではないことが多いのです。ムダで無意な働き掛け以上の何ものでもないなら、上司の期待通りの反応を示すはずもありません。

部下の育成にも「最小律の法則」は、当てはめられます。

「キミ、この仕事はいまのキミをおいて他の誰にもできない仕事だよ。しっかり頼むよ」

「キミ以外にはできない。キミだけが頼りの仕事だ」

こういった一言で、部下は百万人の味方を得たことになります。その自信が、上司の期待通りの仕事をするモチベーションにつながるのです。

とにかく、日頃から部下の研究を怠ってはなりません。部下が喜ぶポイント、苦手なこと、弱点をしっかり掴んでおくことです。

そして、ここぞという時に声を掛ける。植物に肥料を与えるのと同じことです。

9

目標設定で伸ばす、低い目標は却下せよ

○……「こんな低い目標、何考えているんだ」の一言が部下を潰す

本来、目標に高低はありません。というよりも、基本的に目標とは高めに設定して、常に挑戦、努力を伴わせるものでなければ、目標とする意味がありません。目標は設定した時点がスタートですが、その時点がゴールでもあります。目標の質を充分に吟味、評価した上で、目標として掲げないと、達成したところで何ら重きを持たない結果（成果）となってしまいます。

また、目標は常に、環境と状況（世の中の状況、政治、経済、金融や、会社の状況、経営や営業政策、商品動向など）を考慮した上で、部下がその達成によって得られるもの、成長の目安となるものを明確に押さえたものでなければなりません。

では、部下が掲げてきた目標が、本人の能力と比べて低い場合にはどう対応すべきで

しょうか。

「キミ、何を考えているのだ。こんな低い目標じゃ、問題にならないよ。設定し直しだ」

「……」

ストレートに目標設定をやり直させる言葉です。部下は、引き返してまた目標設定をしてくることでしょう。今度は、上司も納得のいく線であげてくるはずです。ですが、その目標に部下は、心から納得しているでしょうか。上司に一方的に合わせたまでで、上司喜ばせの目標でしかありません。たとえ、達成したとしても、それを自分の糧とする意義付けは微弱でしょう。

「ウチの会社の今期目標は、50億円なのですが、あなたには5億円を期待したい。どうだろう」

「新規分野への開拓を図って、あなたには5億円を期待したいのですが、どうだろうか」

こんなふうに言われれば、部下は、上司の期待が明確に見えて、自分の設定目標の低さを認知するのではないでしょうか。さらに、

「あなたは、この目標を通して、自分自身にどんな効果（メリット）を想定できますか」

「このような仕事をやってもらいたいと思っているのですが」

「この目標を通して、あなた自身は、どのような点が伸ばせると思いますか」

低い目標、品質レベルが劣る目標、これらの目標に対しては、ストレートな球を投げ込むより、変化球や、婉曲なアプローチのほうが効果的です。


ではここで、能力があるのに低い目標を設定するという心理を分析してみましょう。

能ある鷹は爪を隠すではないですが、能力を誇示しない、したがらない裏には、自ら凄いぞとすると卑しく映るという気持ちがあるからです。また、一方では、周囲から凄い人という評価を得たいという屈折した心理が働きます。

すなわち、正直な表現ができない、したくない心理が働いて、自らの能力を低めに押さえた設定をしがちになるのです。ですから、その部分に触れ、能力を評価してやれば、意外と素直に実力を発揮しようとするでしょう。

ところが、前ページの例のように、ストレートに言うと、「なんだこの上司は、私という人間を正当に評価してくれない」と判断します。余計に意固地になってしまい、目標そのものの品質保証はおろか、お互いの信頼関係にもひびが入ってしまいます。

目標設定をするには、常に階層的な部分での整合性を図り、時系列を捉えた当面目標という押さえ方をしていかなければなりません。それが、目標の上下左右の整合性ということになります。

目標設定をする際には、部下と面談をするようにしてください。面談は相互信頼と想像力を育みます。面接を通しての目標設定で部下が仕事に取り組むモチベーションアップにもつながります。

始め良ければ終わり良しです。目標設定の段階でチェックを入念にし、上司と部下が共に目標完遂を目指したいところです。

目標設定の基本となる原則

	原　則	内　容
PLAN（計画）	①期待・成果明示の原則	部下と話し合い、期待する成果（挑戦目標）を明確にする。やるべきことをはっきりさせる
	②成長・育成目標の原則	本人の能力プラスαの目標を設定し、能力向上を目指す
	③成果・活動目標分離の原則	成果を得るためには、必要な活動がある。その活動を具体的に目標として明示する
	④目標重点化の原則	目標の数を２～５件くらいにして、各々のウエイト付けをしておく
	⑤目標設定バランスの原則	一方の行き過ぎを抑えるため、相反する目標と抱き合わせで設定する（品質とコスト、在庫量とリードタイム）
	⑥目標定量化の原則	成果の測定ができるようにしておく
	⑦目標相互調整の原則	部門間および上下間での食い違いを調整しておく

10 目的遂行の黄信号は上司の管理問題だ

絶好のＯＪＴの機会と捉える

仕事が計画した通りに回っているのならいいですが、シナリオ通りに動くことのほうが少ないものです。立てた目標が計画通りに遂行されていないと、さまざまな問題が生じてきます。

「予定より遅れているけれど、何か理由があるのかね」

「遅れに対してどんな対策を立てている？　それで充分ですか」

「何か私の援助が必要なら、速やかに申し出てくれ」

「やるべきことが中断されているけれど、どのように考えている？」

「問題はないと言っているけれど、この点をどう詰めていこうと考えている？」

上司は、機会を捉えて、的確なフォローをしていかなければなりません。

小さなミス（小さな失敗やトラブル）も放っておくと、とんだロス（金銭的損害や信用失墜）に発展してしまいます。取り返しのつかない局面に至ることもあります。仕事を推進している際のチェック&フォローは、取り返しのつかない局面回避のアプローチです。

「早くアラーム（悲鳴・助けを求める声）をあげてくれれば、何とかなったのに」

「おいおい、それはえらいこっちゃ。課員一丸となって対処しなければ、徹夜の連続となるぞ」

こんなせりふを平気で吐くような上司がいたとすれば、それは仕事の遂行に関するチェック&フォローの甘さ故と捉えなければなりません。

部下の仕事の管理と、部下のモチベーションを上げて、効率性、生産性を上げさせることは、日常管理の常識で、上司の仕事の基本中の基本です。ですが、この基本がおざなりになりやすいのも事実です。基本通りにやれていないという、単純なところから諸々のミス・ロスが生じてきます。

ここで、上司としての出番をあげてみましょう。出番は大きく2つのパターンに分け

上司の出番

上司が自ら出る	請われて出る
・士気（モラール）ダウンがみられる	・問題解決で壁にぶつかっている
・方針変更がある	・意見やアドバイスを求められた
・調停が必要となる	・上長として、社外あるいは上層部との掛け合いを求められた
・トラブル発生など、仕事面の品質が低下している	・リーダーとして旗振りを求められた

られます。

上司は、あくまでも仕事の演出家（プロデューサー）的役割を担います。仕事に人を当てはめ、人に仕事を割り当てます。仕事のやり方がまずければ「演技指導」をし、「せりふの覚えが悪い役者」であるのなら、「せりふの少ない役」にして負荷調整を図らなければなりません。それらを適宜、滞りなく処理していくことによって、名舞台が演出されます。

また、上司は、仕事という舞台に大根役者をひとりでも作ってはなりません。

だから、時には個別に部下を呼び寄せて、仕事を通じた話し合いをすることも必要です。しかし、なかなかそんな場面を持つことができない上司が少なくありません。そんな時の対処法の一例を次ページに挙げるので、参考にしてみてください。

上司は、日常の仕事を通して部下と接触し、指導をするとともに、個別にそれぞれの部下の育成がらみの話も時々するようにしてみてください。また、いま部下がどういった状態にあるのか、仕事の進捗状況はどうなのか、常に気にしていることは欠かせません。

個別に面談をするときの流れとポイント

スタート	①労をねぎらう 「いつもご苦労様」「いつも頑張ってくれているね」
	②面談の狙い、主旨をわかりやすく説明する 「今日は○○の件で話があるのだが」
本題	③相手の考え、意見を引き出す働き掛けをする 「その件について、どう思う？」
	④事実の確認をする 「確かにミスが２点あった」
	⑤相手の考えには「なぜ」、行為には「どの程度」と、問題の本質発見のための働き掛けをする 「では、そのミスはなぜ起きたと思う？」
	⑥問題の原因の把握に努める 「確認を怠り、ムリに納期に間に合わせようとしたからだ」
	⑦相手が困っているとき、ヒントや身近な例を挙げて手助けをする 「別のものを使うこともできただろう」
	⑧良いことを素直にほめ、相手の自尊心を傷付けないようにする 「いつものキミらしくないミスだ」
	⑨相手に求めるだけでなく、上司としてできることを示す 「全部自分で抱えずに、私に相談してくれていたら……」
	⑩話し合いはどちらか一方的にならないようにする 「この件について、キミの意見は？」
シメ	⑪今後やるべきことを相互に確認し合う 「では、確認し合いながら進めていきましょう」
	⑫終了後、激励してフォローの日時を決める 「では、次は○月○日○時に。期待してますよ」

11

評価のズレは徹底的に話し合う

評価は紳士協定で、それでも根拠の提示は必要

人には「美しい誤解（インフレ）」と、「思惑の溝（デフレ）」とがあるものです。人は自分が評価される局面では、どうしても美しい誤解を犯しやすくなります。

「私のあなたに対する評価は、あなたが考える自己評価より低い。自己評価の根拠を示してください」

評価の場においては、このようなストレートな表現をとることが多くあります。部下が自己申告してきた評価に、上司としては納得・合意を示せない……。したがって、私を納得させるだけの根拠を示せと言うのです。

「そう課長はおっしゃいますが、では、課長の評価の根拠も私に示してください」

こうやり返されたら、上司としてどう対応するべきでしょうか。

評価には報酬や処遇が濃厚に絡むので、やり取りはそれこそ死闘となるかもしれません。双方いずれも、そのしかるべき根拠の要求をする……。その要求にお互いが、納得できる形でもって評価が遂行されなければならないのですから。

人が人を判じ評価する。そこに、極力、感情を押さえる努力はするものの、ものごとの捉え方には好悪の作用は避けられません。評価に伴う独特の偏りも否めません。

「私の根拠ですが、A商店の5億円の売上については、あなたひとりの功績というより、開発課のYさんの尽力が大きかった。したがって、売上5億円をそのまま成果として評価するのではなく、その5億円にあなたが関与した割合を、8割とおいて4億円としました。したがって、5段階評価のAではなく、Bとしたのです」

成果に関与した事項について、正確に記して残しておく。そして求められれば明示する。これが評価の基本です。この基本を怠ると、評価で差が出た時、相手を納得させる説明ができず、こじれてしまいます。そうなると、評価に対する不平不満が出るものです。その結果が全否定に繋がり、職場に沈滞感を生むことにもなります。

評価は紳士協定です。ごまかさず、隠さず、誤らず、オープンでなければなりません。

「よく頑張りました。どのようなことが成果を生むことに貢献したと思いますか」

「目標達成を図る上で、どのような苦労がありましたか。また、それは、あなたにとって、どんなメリットを与えてくれますか」

「大変ご苦労様です。この調子を次期、次々期までも継続させてください」

こんなせりふで終止符を打ちたいものです。ただ、次期、次々期の期待、これをどう捉えるかが部下にとっては問題となります。その方法としては、大きな目標、さらに大きな目標へと、目標を拡大増大していくのがひとつ。もうひとつは、目標の質転換を図らせることです。

「来期は20％アップを目標とする」

とするか、

「来期は新規開拓によって20％のアップを図ってみては」

とする。いずれも、部下の研究をして方向を明らかにすることです。

時には、目先を変える。そういうテクニックも上司には必要です。

評価はある意味「闘争」です。絶対的評価であれ相対的評価であれ、主張できる自信と論拠が必要です。

12

目標未達の人にニッコリ笑ってガツンと一言

甘ったれんじゃない！　震える拳を抑えて何を言うか

　どこの職場にも未達常習者はいるものです。そして彼らから出る言葉は、決まって次のような内容でしょう。

「目標が高すぎた」

「私の力はこの程度だ」

「状況が悪かった」

「誰も助けてくれなかった」

「運が悪かった」

　どれもこれも、一理も道理もありますが、すべてに共通するのは、「見通しの甘さ」ということです。その見通しの甘さを許容・受容した上司の甘さもないがしろにはできません。

　ではここで、これらの言い訳の対処法を考えていきましょう。

①「目標が高すぎた」

　目標の評価が的確にされていなかった証左です。自己申告に基づく目標の場合、自分の力・能力の過信、もしくは、自分を良く見せようという顕示欲から、部下は達成不可能な目標を掲げてきます。上司として、その気持ちをそのまま汲んで、受容・許容したのでは、上司失格です。

　上司の役割は、部下が目標に取り組む時、その過程において、成長していける仕組みを提供していくことにあります。だとすれば、未達に終わり、成長の芽を摘み取ることは避けなければなりません。

「この目標を達成するための具体的な方法、手段を明確にするように」

　このような言葉を投げ掛けて、部下が掲げてきた目標の品質評価をしなければなりません。

②「私の力はこの程度」

この言葉の陰には、謙遜の心が潜んでいます。自分の力を十二分に出した人からは、この言葉は出てきません。持てる力を出し切れなかったか、出せなかったかの理由が見え隠れしています。

結果は未達であっても、自分の力では、必ず結果（成果）が出せたはずです。それが出せなかった。本当はそれが言いたいのです。

「なぜ、結果（成果）が出なかったのか」
「あなたのやり方で何の問題があったのか」
「どうすれば、結果（成果）が出たと思うか」

このような働き掛けをしてください。そうすることで、部下は、自分の力の不足部分に自ら回答を導き出せるはずです。考えられる理由としては、次のようなものがあります。

・合理化による回避

未達だった結果を素直に受け入れないで、本当はもっとやればできたのだということを強調したかった。

・卑下による回避

周囲の期待に対して、自己卑下することで、その期待回避を図ろうとするもの。あまり私を買いかぶらないで欲しいと訴えている。

・開き直り

一生懸命にやったが結果としてできなかった。何か文句があるかと、開き直っている。この理由であれば、自分を本音でさらけ出しているとも言えます。できなかった原因を共に考えることができるはずです。

合理化によって回避しようとするのは、根本的には本人の心の構えの問題です。真の原因は、十二分に力を出し切れていない、死ぬほど取り組んでいなかったことに主たる原因があるはずです。そういう場合は、頭ごなしに一喝してもいいでしょう。「甘ったれるな。甘えはキミをダメにするぞ」と。

③「状況が悪かった」

他責化の最たる言葉です。状況を変えてでも、目標達成は図っていかなければなりません。状況は刻々と変化します。そんなことに未達の原因を言及するなどもってのほかと言わざるを得ません。

「あなたにとって、特殊な状況とは何か」

「その状況とは、あなただけのものだったのか。悪い状況というが、そこに何かが加われば達成可能となったのか」

こんな厳しい対応をして、状況原因説を根底から切り崩してもいいでしょう。その上で、一言付け加えます。

「いま、このような時にも、状況はますます悪くなっているのだぞ。状況に振り回されるアホにはなりなさんなよ」と。

④「誰も助けてくれなかった」

苦しい時の神頼み。確かに、ここぞという時に、上司からのテコ入れでもあると、ぐんと勢いが付くことがあります。それがなかったことを未達の原因・理由としています。確かに相互扶助は大切であり、そのためにチームがあり、上司がいます。そこに未達理由をもってくる。賢いといえば賢い言い訳です。

「助けてと皆に聞こえる悲鳴をあげたのかな」
「ここはやってもらえるとありがたいと、救援部分を明確に示したのか」
「本当は、できるなら自分ひとりでやり抜こうと思って、この結果（未達）を招いたのでは」

こんな言葉をぶつけてみると良いでしょう。ひとりで引っ張った結果が未達になってしまったというケースが多いのです。

「仕事というものは、ひとりでやっているものじゃない。また、ひとりの結果（成果）はひとりだけのものではなく、チーム全体のものなんだ。孤独な仕事のやり方は必ず限界を招くものだ。そのいい例だ」

こんな言葉をずけずけと掛けてやらないと、本人はいつまでも自分が何を言っているのかに気付かないことでしょう。

⑤「運が悪かった」

本音から出た言葉でしょう。何をやっても裏目に出てしまうということが時にしてあるものです。だから、思わず運のせいにしてしまう。運も実力のうちという言葉があります。しかし、力があれば、運は次々と舞い込むものなのではないでしょうか。運は使えば使うほど強運となるものです。

「運は力の子分だ。親分の力をもっと強くしないと強運はほど遠くなる。運のせいにする前に、運を呼び込める力をもっと付けなければならないね」

「運のバーゲンセールでもやってみようか」

運に対する考え方を変えさせ、結局は自分の力、実力、能力の問題であることを悟らせてください。

上司は目標達成のための運命共同体です。あなた自身もそのことを肝に銘じつつ、部下にも明確にそのことを伝えてください。未達の原因を追及し、根本的な解決を共に図る姿勢を示すことが大事です。

さらに、未達だったという弱みをサポートするための強力な援護体制を作ることも、大切な上司の仕事のひとつです。

第2章

たった一言で部下を動かす極意

1

変化に鈍感な部下には喝を入れてみる

○……直球のアプローチでコロリと変わる

世の中は、常に変化し続けています。ところが、変化に無頓着、鈍感で、変化に気付かない、気付こうとしない人がいるものです。毎日同じスタイルで同じパターンを繰り返す。少々違っていても、特にそれを問題にしない。自ら先んじて行動を起こすこともしない……。

ただ、自分は、日常を大過なくやり過ごせればそれでいいと思っているのでしょうか。周囲が自分のことを無知、無関心、無頓着、果ては鈍感と呼ぼうと、我関せずといったところです。

由々しい生き方ではありますが、ではいったい、変化に敏感なのと鈍感なのとでは、どんな差が付くのだと詰め寄られると、困る一面もあるのではないでしょうか。

変化の激しい現在においては、現状維持は後退であり、頽廃です。

しかし、世間を見渡せば、現状維持で何が悪いという状況も少なくありません。毎日、定時に線路を走る列車、定められたコースをひたすら走るジェットコースター、これらに変化があれば生命の安全すらも脅かされてしまいます。現状維持、無変化でいいじゃないか、何も進歩したり、発展したりすることのみが有意義なことではない……。安全を確実に維持することは確かに意義のあることです。

しかし、人や仕事は、そのような仕組み・仕掛けを前提にして、変化させていかなければならない要素を見い出し、進歩を遂げてきています。それが、向上であり、成長の証でもあるのです。

民間企業や中小企業に勤める人に特に言えることですが、人も仕事も常に、成長・向上を図っていくものでなければ生き残ることはできません。それを可能にしていく唯一の方法が、変化に気付き、変化に対応した仕組み、仕掛け作りということになります。

・変化は常にある。それに気付く
・変化を正しく評価する

・変化への対応策を検証する

これらが、変化に対する標準的なアプローチです。

変化に気付くには、情報に敏感にならなければなりません。常日頃より、アンテナを高く広く巡らせて、さまざまな情報を入手することが重要です。

また、この情報氾濫の時ほど、情報入手に関しては、取捨選択の基準を決めておいたほうがいいでしょう。その上で、いま必要とされる情報を効率良く入手し、効果的に活かすことを目指す。自分が何を指向しているのかを軸に、必要な情報を入手し、吟味し、有効活用することです。

「Tさんは、いまどんなテーマに関心があるの?」
「Tさんは、いまの仕事に最も欠けていることは何だと考えている?」

このような言葉を、部下にどんどん投げ掛けてみてください。そうすることで、部下は自分のこと、仕事のことをじっくり考えるようになり、周囲の変化、世の中の動き

何にどのような目を向け成長・向上を図るか

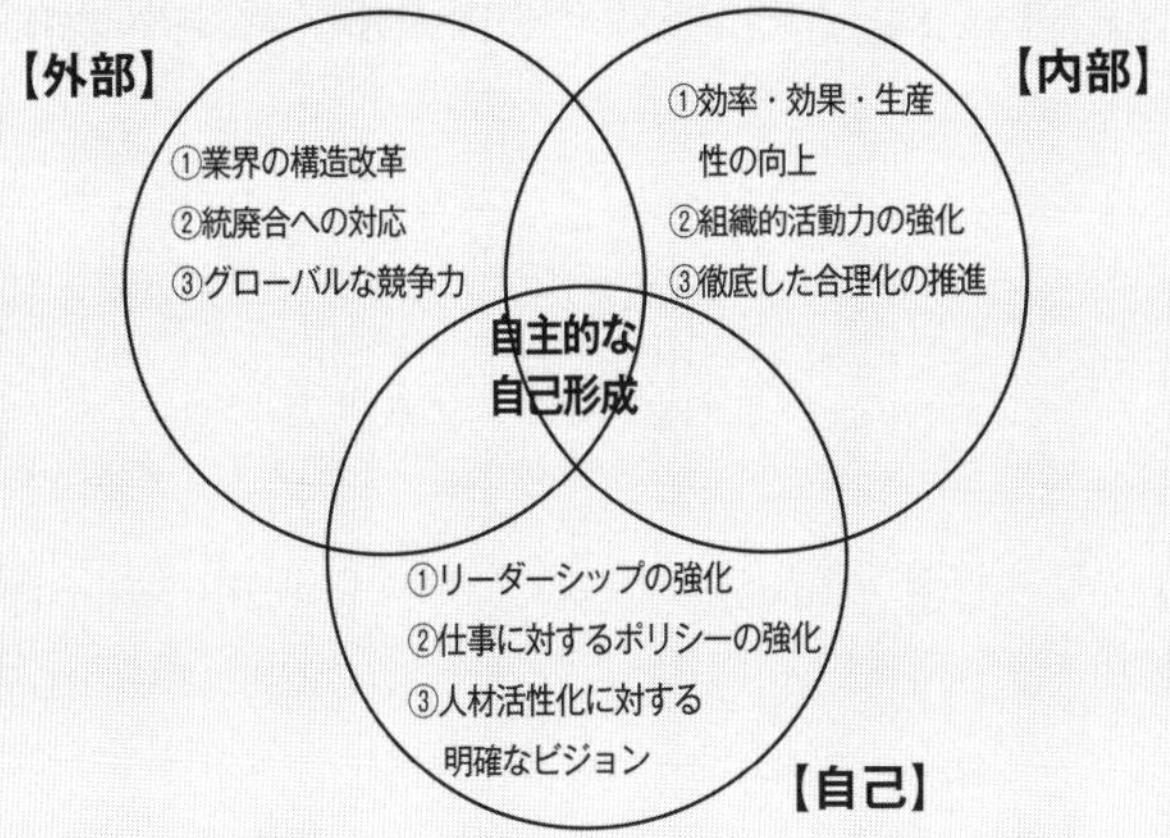

に興味を持つようになります。すると、自ずとさまざまな情報に目を向けるようになるでしょう。いつまでも変化に無頓着ではいられないのです。ぜひ、自身も含め部下にも「恒常」と「変動」を世の中の事象から捉えるクセを付けてみてください。変動はどのように変動しているのか、部下に描写してもらうのもいいでしょう。

　また、例えば相場、株価とは何か、それぞれの変動によるメリット・デメリットを押さえるようにしておきましょう。

2 変化、改革を嫌う部下には明日の自分を語らせる

○……現状維持は退歩であり頽廃だと教えよ

「この年齢で能力主義、成果主義と言われても……」

こんな声が職場の内外から聞こえそうです。しかもそれは、世の中の動向に最も敏感でなければならない中高年層から……。

世の中は、さまざまな分野・場面で、日々刻々と変化を遂げています。そのような中では、誰もが変化・成長をしていかなければなりません。わかっていてもやはり、長年同じスタイルでビジネスの世界を泳いできたキャリア組や中高年層にとって、変化への対応には抵抗感が伴うようです。

「わかりますが、今回の努力を評価していただき、いまくらいの処遇をしていただけれ

ば申し分ありません。これではダメなのでしょうか」

「お気持ちはわかりますが、周囲への影響ということもありますので、ここは若い者と一緒の形にしていただきます」

「何が成果主義だ。能力主義だ。若い奴の仕事は、オレたちが築き上げてきたものじゃないか。それを何だ。世の中の流れだからといって、年功は関係ない？　能力オンリーだって？　だからどうだっていうんだ。オレはオレ流で生きていくしかない！」


こう強がってみせて、黙々と日常の業務に勤める。

いま、世の中は、急速に変化し、その変化に呼応した形で自分自身も改革していかなければなりません。もう年功型の仕事なんてごく一部の専門職にしかないのです。ほとんどの企業は、年功無視、実力・能力第一主義の人事体制に移行してしまっているのですから。

「そんなのわかっているんだ。だが、何も年寄りまでそんな新しいものに巻き込むことはないいんじゃないか」

これが、中高年の最も言いたいことでしょう。しかし、3〜4割も占める中高年者層に強力なメスを入れないと、人事体制は生きたものになりませんし、企業としても生き残っていくことは難しくなります。

「いつの世も、変化・改革のしわ寄せとして、悲劇・悲哀は弱い者に向けられる」と、中高年は嘆くでしょう。

嘆いてばかりいないで、過去は語らず、未来に向けて変化・改革の必要性・重要性を説く中高年に変身しなくてはなりません。ここを何とかしなければならないのが、上司の役目でもあります。


「現状維持は退歩です。人事体制もいま、変革・改革の時を迎えている。Kさんはそれについて、どのように捉えていますか」

「そうですね、年齢的に、野望・挑戦といった気持ちは薄れてきていますが、若い者には負けたくない。培ってきた能力を有効に活用し、維持貢献したい。そのあたりをしっかり上司に見てもらいたいですね」

「そのことが大事だと思います。能力・実力とは何も先へ先へといった先進性ばかりを追求するのではないと思います。過去と未来を見据えて、いまの時点でやれることを精一杯やる。それができるのがあなた方です。その気迫でお願いします」

こんなやり取りが、実際に実現するかどうかは、上司のアプローチにかかっています。世の中の動きについていけない人ほど、過去にこだわり保身に回るものです。何にこだわり、何を守りたいのか。上司としては押さえておいてください。

3

改善意欲が乏しい部下には痛い刺激を

自分流から抜け出させるために

改善意欲の乏しい人は、「改善に向ける力」が乏しいのです。第三者から見れば、当然、改善・改革をしなければならない状況を含んでいるのに、その人はその必要性を意識していません。すなわち、自分の周辺状況を、自己中心的に捉えているところに最大の原因があります。

他人には迷惑な状況であっても、自分に何ら影響を及ぼすものでなければ放置する。そのことによって、自分や周囲へ不利益が生じても、他人には目をつむり、自分については自分の中で都合のいいように処理（合理化）してしまうのです。

端的な例を挙げるなら、どこの会社にも机の上やその周辺が散らかしっ放しでも平気な人が1人や2人はいるでしょう。周囲の人は、探すことのムダや、環境の悪さを指摘します。しかし、当人は一向に構わない。探すムダは自分のやることだし、見た目の悪さだって、それで死ぬわけでもないのですから。整理整頓したからといって、周囲や自分に対して取り立てていうほどのメリットは何一つない。だったら、そんなことに神経を使うより、自分流にやりたいようにしているほうが精神的に安定できるということなのでしょう。

いまのままで良い。そのことに精神的な安定を見る。この心（Mind）こそが、改善・改良を阻んでいます。

ここにメスを入れるにはどうしたら良いのでしょうか。

現状否定、現状打破、現状更改の心（Mind）へと転換を図らせるために、それに向けた刺激を継続的に与えるしかありません。

「机の上が乱雑だね。整理したら？」

ではダメです。

「まず、机の上のものを全部捨てる」

こう言うと、

「必要な書類などがある」

と、反論するでしょう。

だから、次のように捨てる基準を提示して実行させてみてください。

「机の上のものを全部捨てたほうがいいのだが、近い将来、必ず金品に結び付くことが確証できるものは残して良い。それ以外は、全部処分してください」

そうさせた上で、次の一言を付け加えてみてください。

「これからは、机の上には、何も残さないこと。必ず、所定の場所に収納すること」

このことを励行させれば、その人の机上は常に整理された状態に保たれます。継続は力なりと言われますが、継続させることでそれが習慣化するのです。

改善・改良は、意識・意欲の問題です。したがって、その意識・意欲を然るべき方向にどう刺激して、向けていくかが最大の鍵となります。

「今月は、提案件数が少ないから、頑張って出してください」

では、品質のいい提案は出てきません。

「この案件は、キミの得意とするところだ。前回とは違った側面から捉えた提案を望むよ」

「前回と切り口を変えてみてはどうだ」

出せ出せというと、人はなかなか出せなくなります。見るな見るなと言われると、見たくなる。それが人間の心理というものです。上司は常に部下の心理状態を掴んで自ら動き、動かす努力を欠かしてはなりません。

誰でも厄介なことは避けたいものです。それでも挑戦させるには、士気を高揚させるか法外な報酬をちらつかせるのが一番です。ただし、法外な報酬をちらつかせるだけの権限がない上司がほとんどだと思います。であれば、士気を高める方法を身に付けるしかありません。

改善点発見チェックリスト

現場の4任務	①品質	□クレームは減っているか □かたよりは大きくないか □ミスは起こしていないか □異常は起こしていないか	②原価	□経費は節約されているか □工数は減っているか □ムダな仕事はしていないか □資材のムダづかいはないか
	③生産量	□納期遅れはないか □過剰在庫はないか □数量違いは減っているか □手順は簡潔化されているか	④人間性	□整理・整頓されているか □改善提案は活発化しているか □出勤率は向上しているか □職場は美化されているか
現場の4要素	①作業者	□標準を守っているか □問題意識はあるか □責任感はあるか □健康状態は良いか	②設備	□生産能力に合っているか □点検は十分か □故障停止はないか □配置は適当か
	③原材料	□数量違いはないか □異材混入はないか □在庫量は適切か □品質水準は良いか	④方法	□能率の上がる方法か □温度・湿度は適当か □照明・通風は適当か □前後工程とのつながりは良いか
現場の4ム	①ムリ	□人員にムリ □時間にムリ □生産量にムリ □在庫量にムリ	②ムラ	□人員にムラ □方法にムラ □考え方にムラ □生産量にムラ
	③ムダ	□人員にムダ □方法にムダ □時間にムダ □場所にムダ	④ムシ	□価格ムシ □設備ムシ □考え方ムシ □場所（立場）ムシ
現場の4W	①誰が何を	□誰がしているのか □誰か他にできている人はいないのか □何をしているのか □何か他にできるものはないのか	②どこで	□どこでやるのか □どこでやるのがいいか □どこか他でやるところはないか □どこか他であるべきところはないか
	③いつ	□いつやるのか □いつしているのか □いつやるのがいいのか □いつか他にやるべき時はないのか	④なぜどのように	□なぜその人がするのか □なぜそこでするのか □他にその方法は使えないのか □何か他にやるべき方法はないのか

4

仕事の品質が低い部下の甘えに釘を刺す

最高解でなく最適解でいいとした場合はフォローが肝心

ビジネスの世界では、納期が第一です。そこで人々は、納期に帳尻を合わせるために、最高解でなく、最適解で良しとする傾向があるものです。納期を死守しようとするその姿勢は是としなければなりませんが、この最適解の品質は個人差が如実に出てきます。

最適解で出す仕事の場合、出す人は次のようなことを明確にしておく必要があるでしょう。

①全面的に自分の責任に基づく仕事なのか
②上司が絡む仕事なのか
③メンバー、部下、後輩が絡む仕事なのか
④関連部署が絡む仕事なのか

⑤その他、頼まれた仕事なのか

このように、それぞれ仕事に課された責任の有り様で、仕事の品質に差が出やすくなります。その差は、裏返せば、その人の性格を如実に表していることが少なくありません。

自分に責任が大きく問われる①、②の仕事の場合、本人は、自分の保身をまず第一に考えます。自分にとってマイナスに働く仕事内容は避ける。たとえ最適の解であっても、そこには、自分なりに正当性のある理由付け、意味付けをしているものなのです。

したがって、この状況で仕事の品質に問題があるのであれば、「キミらしくない結果なのだが……」の一言で、もうひと頑張りしてくれるでしょう。

問題は、自分と他との責任関係が半々、あるいは、他のほうに、ウエイトが高い③、④の場合です。

他者が絡むと、自分中心でものごとが展開できなくなります。特に、マイペースを好む人にとっては、他者とのやり取りは仕事以上に難題です。それ故に、仕事の品質が伴わなくなることもあるのです。その上、責任を他に転嫁すれば、逃げ腰になります。甘えが心を占めるのです。

甘えは目標レベルを下げる結果を生みます。一旦上げてしまった生活レベルはなかなか落とせませんが、目標レベルはいくらでも下げられるのです。この矛盾をこのような人々には、問い正させなければなりません。


「あなたは、どんな生活をしているのですか？」

生活レベル並みの仕事の品質を追求せよと、声を大にして言ってみてもいいはずです。わかっていても他人から大々的に指摘されれば、事態は様相を一変します。裸の王様ではありませんが、自分の位置をまず掴み、その上で、目下の仕事の進め方を自らに問い詰めさせる。そうさせる一言が、この種の人々には必要なのです。


「あなたの力にしては、少々物足りない結果なのでは」

「もう少し検討の余地を広げてくれてもよかった」

「これじゃあ、あなたにとっても不本意なのでは」

こんな厳しいまでの一言を投げ掛けて、甘えの部分に釘を刺す。甘えの許容、受容は本人を精神的に堕落させ、能力的成長を阻むこと以外に何物をも生みません。

仕事の成果は、本人の能力、周囲からの働き掛け、そして時の運によって決まるものです。本人には、常に能力をフルに発揮することに努めてもらう環境を作るのも上司の仕事です。

また、仕事の成果には本人の姿勢、本質が映し出されるものです。仕事の成果＝本人の頭・心の程度であると思っていてもいいでしょう。そこをバックアップできてこそ、一人前の上司と言えるのではないでしょうか。

5 発想が乏しい部下には着眼創造だ

そんな提案は誰も見向きをしないと安直な評価で済ますな

どの会社でも企画会議なるものが開かれるでしょう。たいていは、販促あるいは開発などに関する会議です。ところが参加者の中に、発想が極めて乏しい人がいることがあります。精一杯の努力が見られればその人の発想力にも見極めが付くものです。が、本人は得意満面で、これ以上の発想はないと思い込んでいるものの、出すアイデアはことごとくお粗末だったりする人もいます。

筆者の長年の経験から割り出したものですが、発想力に富んだ人と、乏しい人とは、次のような差異が見られます。部下を定めて、チェックしてみてください。

●発想力に富む人

□従来通りとか現状維持というのを嫌う
□決められたやり方、ルール通りにやることが好きでない
□固定観念に縛られたくない
□先入観を持たないようにしている
□好き嫌いがある
□人の意見、教えを聞くが、取り込まない
□批判的姿勢が強い
□向上心がある
□好奇心が強い
□新しいものが好き

●発想力の乏しい人

□形式を重んじる
□画一的な表現に走りやすい
□回り道が嫌い

□余計な手続きを省きたがる
□変なコスト意識が強い
□結論を急ぎたがる
□周囲があまり気にならない
□自分のやり方に拘泥しがち
□視野が限定されがち
□しぐさが固い

さて、どちらにより多くチェックが入りましたか？　どちらかに片寄っていたら、その傾向が強いことを素直に認めさせたいものです。

発想力に富む部下はそのままでいいですが、乏しいほうにチェックが多くついてしまっている部下には、上司としてどう対応したらいいのでしょうか。

「あなたの発想はいつも乏しいね」

「もっとましなことが考えられないのかね」

「別な視点で捉えてくれよ」

「画期的なヤツが出ないのか」

こんな常套的で部下を卑下する言葉の連発では、発想貧困者は救済できません。


「あなたが指摘した部分を、もう少し角度を変えてはどうだろうか」

「いま言った点を我が社の製品に当てはめてみると、どんな風になるのかな」

「それをもう少し小さくできる方法はないのかな」

といった具合に、目の付け所を変えてやる働き掛けをすると良いでしょう。


着眼点を工夫させるためのヒントとなる言葉の例を次のページに挙げてあります。かの有名なオズボーンのチェックリストです。是非参考にしてください。

発想が乏しい人は壁にぶち当たりやすいものです。そんな時は、上司であるあなたがその壁を打破する糸口を見付けてあげてください。それをせずに、頭ごなしに否定してしまっては、発想の貧困度合いをさらに高めてしまうことになります。

人は想像力の宝庫です。その宝を導き出す鍵は、上司の手中にあると考えてください。

上司は言葉巧みに部下の頭の中に眠っている発想を刺激して、どんどんユニークなアイデアを引き出させるようにすることです。

発想法には「芋づる発想」と「飛び発想」があります。発想がそもそも乏しい部下に飛び発想を求めるのはやめましょう。まずは、連想ゲームのような芋づる発想で何とか発想の幅を広げさせる努力をしてください。

異質なものに、上司であるあなたも好奇心と興味をもってください。異質な物同士の組合せが発明になるのです。部下と共に、異質な組合せによる発明をどんどん行なっていってください。

オズボーンのチェックリスト

①他に使い道はないか
□新しい使い道はないか
□他に何か作れないか

②他からアイデアを借りられないか
□これに似たものはないか
□何かまねのできるものはないか

③変えてみてはどうか
□形・色・音・におい・動き・場所・方向・動作
□あるものを、なくしたら、ないものを付け加えたら

④拡大したらどうか
□時間、回数を増やしたら
□他の価値を付け加えたら

⑤縮小したらどうか
□何かを取り除いたら、分割したら、小さくしたら
□簡潔にしたら、軽くしたら、短くしたら

⑥代用したらどうか
□代わりの人、代わりのもの、他の素材、他の要素や成分
□他の方法、他の場所、他のアプローチ、他の工程

⑦入れ替えたらどうか
□要素を入れ替えたら、他の形にしたら、レイアウトを変えたら
□順序を変えたら、日程を変えたら、ペースを変えたら

⑧逆にしたらどうか
□上下を変えたら、反対にしたら、ひっくり返したら
□立場を変えたら、役割を変えたら、局面を変えたら

⑨組み合わせたらどうか
□混合したら、抱き合わせたら、組み立てたら
□アイデアを組み合わせたら

6

交渉が苦手な部下にはゲームのルールを教えよ

○……質問力が交渉の鍵だ！

関西人は、買い物をする時は必ず値切りますが、関東人は言い値で買うと言われています。しかし、最近では地方性が薄れてきて、関西人も関東人との差異はほとんどなくなってきたようですが、関西人の値切りには、ビジネスにおいて、学ぶべき点がたくさんあります。値切るには交渉しなければなりません。交渉するには、相手をよく見て、商品を吟味して、こちらの懐具合を考えて、しかも何らかの成果を得るには勢いと粘り、そして戦略も必要です。

では、ここで典型的な交渉下手の営業マンRさんを紹介しましょう。

「R君、K商事との価格交渉はどうだった」

「ええ、先方は譲れないの一点張りで……」

「それで、キミはどう出たの」

「まあ、課長に一応聞いてみるということで……」

「何をバカな。子どものお使いじゃああるまいし。もう一度出直して、取り決めた線で決めてこい！」

「……」

上司としては、こちらの言い値通りにやってきてくれると思っていたのですが、どこに問題があったのでしょうか。

・上司はRさんの交渉能力を的確に把握していなかった
・Rさんは、自分の交渉スキルを正当に覚知していなかった
・上下間で、交渉戦略を練る機会を持っていなかった
・K商事の出方の分析が上下間で甘かった
・K商事の出方の分析を、上下間で共有していなかった
・この会社は、交渉能力のトレーニングを怠っていた

以上のような問題点が考えられます。したがって、課長を含めて、交渉の何たるかを徹底的に学習する必要があります。が、課長自身は実務実践を通して、交渉の実践力を身に付けてきています。そのノウハウ、スキルをRさんに伝授しなければならないのですが、このやり取りからは、その伝授能力すら心許ないことがうかがわれます。


「Rさん、K商事との価格交渉はどうだった」

「ええ、先方は譲れないの一点張りで……」

「譲れないか……。どの程度だったら譲歩できると?」

「あと3%ダウンの線ならと言っていました」

「3%もダウンすると、うちの利益が出ない。2%まで飲むとして、残りの1%は、次で上乗せという案は提示してみたのかね」

「えっ、そんな手もあるのですか。私は、課長が3%ダウンはダメとおっしゃっていましたので、話し合いの余地はないのかと……」

「交渉は、死守と譲歩の駆け引きだからな。どこかで帳尻を合わせる交渉をしていかないとダメだな。私のほうから、先方に一報を入れておくから、キミも明日、その線で掛け合ってみてくれ」

「わかりました」

交渉は駆け引きです。相手の出方を研究し、譲歩するか死守するかを明確にして、臨まなければなりません。

江戸末期、薩摩藩と長州藩のいわゆる「薩長連合」を交渉力で成し遂げた坂本龍馬の交渉術が残されています。

・キーパーソンを的確に掴み、動かす
・利害の一致を図る
・体（メンツ）を保つ

ここで、体（メンツ）を保つというのがおもしろいですね。交渉はひとつのゲームです。勝ち負けを競うのではなく、損得は分かち合うことが原則です。したがって、それに携わった人に、結果的に損得が出ては困ります。共に得をして、共に損をした部分が出る。それが体（メンツ）を保つことになるのです。

このゲームを行なうに当たっては、ルールが必要です。ルールに則って、交渉の場を上手くリードしていく。これが成功の決め手ですが、それには質問力に長けていなければなりません。

「あの件ですが、それはこのように解決してよろしいでしょうか」

……**大枠を捉えようとする「拡大的」な質問**

「主張されているのは、その製品のねじの部分が悪いと言うことですね」

……**絞り込んだ「限定的な」質問**

「○○とおっしゃる裏には、このようなことが想定されるということなのでしょうか」

……**「仮説」の提唱**

「○○のことが想定されるとしたら、それは、このような方法でもって対処可能となるのですが」

……**「仮説の検証」と、それに対する「反駁」**

「ウチのほうでは、これがギリギリの線なのですが、どこまで譲歩すれば……」

……**相手への「投問」によって、相手の見解を探る質問**

「こちらが、その線まで渡れば、その面では譲歩可能と言うことですね」

……「打診」して、相手の懐を読む質問

「ウチのほうは、この線を譲りますから、そちらは、どんな点なら譲歩いただけますか」

……「交換」の質問をして、損得勘定を読む質問

質問は、相手の心の動きを察知し、その心の動きを俎上に載せることにあります。特に、交渉の場では、質問のやり取りが交渉の成否の鍵となります。質問力は学習によって強化されますが、質問形式をわきまえた対応が望まれます。

交渉は駆け引きです。大切なのは事前の準備とその場での機転。それを持ち合わせていない部下は交渉から外すのもいいでしょう。

交渉におけるポイントは、徹底的に主張するか徹底的に聞き役に回るかのどちらかです。質問をしながらどちらサイドに回るといいかを見極めるよう指導していくと成功率が上がるはずです。

7

パートナーを組みたくないというのは、わがままか

○「あんな人とはやってられない」と言うなら最後通告を

あの人と一緒に仕事をするのは嫌とか、あの人がいるだけで仕事のペースが狂うといった苦言が、上司という立場柄寄せられてきます。そんな時、職場の上司としては、どう対処したらいいのでしょうか。

よく見られるのは次のような対処法です。

・しばらく様子を見よう

・あなたがじっと我慢すればいいのでは

・とりあえず、その辺の事情分析をしてみましょう

これら3つの対応は、患者に対する医師の常套的パターンと同じです。医師が患者と向き合うような形で、上司は部下と向き合っています。

仕事を知り、現場に熟知しているのは当人です。まさしく医療における患者のように、自分が置かれている状況を覚知しています。ですが、自分としてはどうにもならない。この悪い病気（気まずい同僚との関係）をあなたという医師（上司）の手を借りて退治してくれと言っているのです。それに応えていく姿勢として、先の3つは模範とはほど遠いものと言わざるを得ません。

「あなたの病は、○○です。もはや治療の手だてはありません」

こう明言されたほうが、むしろ患者にとって楽なことだってあります。同じように、「あなたとあの人とは相性が悪いようだね。今後お互いにそれを改善できない、しかも、それが仕事に影響するほどなのなら、あなたとあの人にはこの仕事をやめてもらう」

こう明言されたほうが、本人にはいい場合もあります。しかし、上司は、そう言いたくとも決して言いません。医師もそう言ってしまったら、名医から迷医の汚名の烙印を押されることになります。だから、結局は患者に対する医師の3つの常套的パターンで落ち着くことになるのです。

しかしこれでは、根本的な解決にはなりません。「仕事は感情でするな」というのが模範的解答ですが、当人にしてみれば、嫌なものは嫌だという気持ちが動かないのも事実です。

ここで、問題となるのは、上司としての使命、目的、役割です。

使命……組織の維持発展
目的……課せられた目標のクリア
役割……目的達成に向けた組織運営

上司は、全体最適を図るべきか、部分最適を図るべきかを考える必要があります。当然、このケースにおいては、部分より全体最適を図らなければなりません。となれば、「まずは我慢してあなたに課された目標達成を、その人と一緒に図ってください。それ以外に、あなたの取る方法はありません」

と、きっぱりと言わなければなりません。

こう明言できる上司でなければ、この手の問題を一生引きずっていくことになるでしょう。

8 担当を代えてくれというクレームが来たら?

部下の不始末は上司の責任。オレも代わると言えるか

取引先から一本の電話。

「ウチに来てくれているS君なのだが、どうもやる気がなさそうだ。誰か他の人をよこしてくれないか」

こんな電話に上司としてどう対応すべきでしょうか。

多くは、自ら謝りに出向き、即座に他の人に代えるという対応が取られるかと思われます。最も容易な解決策と言わざるを得ません。S君が、取引先に、故意に実害をもたらしたのなら、このパターンでもいいでしょう。しかし、実のところは、取引先としてみれば、もっと(都合良く)やってくれてもいいじゃないかという甘えがあり、それに対応してくれないS君への八つ当たりということだったら……。

日頃、S君を信じ、仕事を任せている上司なら、ここは、次のような出方が望まれます。

「Sが何かご迷惑を？　Sに関わることは、上司である私の責任です。したがいまして、Sを代えて欲しいというのであれば、私も共々代えさせていただきます。しばらく様子を見させてください」

部下を信じて、これくらい平然とかつ堂々と言い張れる上司でなければ、職場は保てません。しかし、上司が相手の言いなりになるような対応に出たら、職場のまとまりは崩壊してしまいます。S君との関係だけでなく、他の部下との関係にも、信頼の文字は消え失せてしまうことでしょう。

親分子分の関係ではありませんが、他から何か言われて、「ああ、そうですか」で、対応してしまうような上司には、部下は間違いなく絶縁状を突き付けてくるものです。相互信頼関係の構築の原点は、他が何を言って来ようと、「私はあなたのほうを信じているよ」ということに他なりません。それが示せるのは、末節論に動じない、何が本質かを見抜いた上での対応ということになります。

「S君、キミがよく行く取引先のY課長が、私に、できたらS君以外の人をよこしてくれと言ってきたが、きっぱりと断ったよ。キミ以外に適任者はいないのだから。それでもというのなら、取引は止めてもいいと言っておいた。いままでの調子で行ってくれたまえ」

ここまで上司が言ってくれるなら、S君の取引先に対する対応の仕方が違ってくるというもの。上司が全面的にバックアップしてくれている。自分なりのやり方が通らないのなら、最後は尻をまくれば良い。と、腹を括れるはずです。

「近頃のウチのSは、どうですか？　まだまだ未熟なところが多いもので。今後も、何かありましたら、容赦なくビシビシ叩いてください」

こんな一報を取引先へ、そっと入れておける上司なら、さらにできる上司ということになります。

上司は常に部下の味方であるということを明確に示すことで、上下の関係は深まります。また、部下が上司から疎まれていると思う気持ちこそ、信頼の絆を求めている証しなのです。上司は、部下のその気持ちを逃すことなくキャッチするように細心の注意を払うようにしてください。

9

プライドだけが高いならプライドをくすぐれ

最終的には何でもいい。金にさえなれば

たいていの人が、自分はひとかどの人材だと思っています。前述もしましたが、人は俗に120%のインフレ（高め）で自己評価していると言われています。これがプライドですが、そのインフレ状態には個人差があります。平均は120%ですが、中には200~300%という人もいます。

このプライドは、決して悪玉ではありません。むしろ、私は人とは違うのだという差別化の意識であり、その強さでもあるわけです。何分の一の自分の存在というのではなく、この世に私がただひとりという意識の表れでもあります。むしろ、独自性・挑戦意欲の根元ともなるのです。

ただ、このプライドが職場において悪役を演じさせてしまうことがあります。

「私にそれをやれというのですか」
「私がやったことにケチを付けるのですか」
「私だから、そこまでやれたのです」
「私のやったことをその程度にしか評価しないのですか」
「そういうことでしたら、私はこの仕事から降ります」

プライドは、時としてこのような言葉を吐かせます。

自分は他のメンバーとは違う。自分のやったことは自分にしかできない。その自分を正当に評価してくれないのはなぜだ。もしも、自分のやり方が取り上げられないのであれば、私は私なりの結論を出させてもらうというパターンです。

上司からしてみれば、こういう部下はかなりやりにくいはずです。

・私はこの世で唯一の存在人
・私にしかできないことをやった
・私に納得のいく評価をして欲しい

・さもなくば、私は尻をまくる

ということなのですから。このようなタイプの部下をどう指導し、どう育成していけばいいのでしょうか。

答えは、しごく簡単です。プライドをくすぐるだけでいいのです。

「それほどの人だから、もう少し高めの目標を期待するのだよ」
「その仕事はあなたにしかできないからこそ、あなたに任せたのだ」
「その程度なら、あなたでなくともできる。私はあなたにもっと上のレベルを期待していたんだ」
「あなたなしに、この仕事も、この組織もない。あなたの力をもっと借りたいのだ」

こんなせりふでことが済みます。見え透いたごますりと思われるかもしれませんが、こんな言葉で、やる気も根性もある、その上、プライドまで高い人材を止めておければ安いものです。

そして、一言付け加えてみてください。

「キミは、ウチにとって稼ぎ頭だ。ほんのもう少し頑張ってくれると、御の字だよ」

これで決まりです。

つべこべ言うのはいいですが、何はともあれ、もう少し金を稼ごうよと呼吸を合わせればいいのです。

プライドは仕事の品質を追求する先峰役ともなるものです。ぜひ部下のプライドを上手にくすぐり、高品質な仕事を追求できるようにしてください。

プライドが高すぎる部下は、持ち上げるに限ります。思い切り持ち上げれば、より謙虚なプライドが育まれるというものです。

10 言い訳バカには行き着くところまでさせてみる

○……「ぼくのせいじゃない」「そうだねキミのせいじゃないかもね」

たいていの人は、自分を低く見られたくない、あるがままよりもっと良く見せたいと思っているものです。容姿にしても、能力にしてもです。その結果、ほんの小さなミスでもやってしまうと、自分としたことがなんてことを、これは自分がうっかりしていたからだ、本来の自分がしでかしたことではないと、自分に言い聞かせます。その結果、言い訳を言ってしまうのです。例えば、

……良く見せる

「ちょっと身体が本調子でなかったので」

「私だからこの程度で済んだのです。これがKさんだったらもっと大変なことになって

いたはず」
……差別する
「これはいつもこうなってしまう。こうなる原因が何かを突き詰める必要がありますよ」
……是認する

言い訳の多くは、自己防衛の表れと見られます。自己防衛には大きく3つのパターンがあります。

・良く見せる（背伸びした自分の演出）
・差別する（自分は他と違う）
・是認する（私がやることは正しい）

これら3つのパターンのいずれにおいても、言い訳の言葉が異なったものになります（次ページの図参照）。

世の中には、言い訳上手と言われる人がいます。その多くが、自己防衛の強い人なのです。自分を低めはしない、実際の自分より高く見せたい、見られたい。この気持ちから言い訳をしてしまいます。したがって、言い訳をよくする人は、常に自分に関心があ

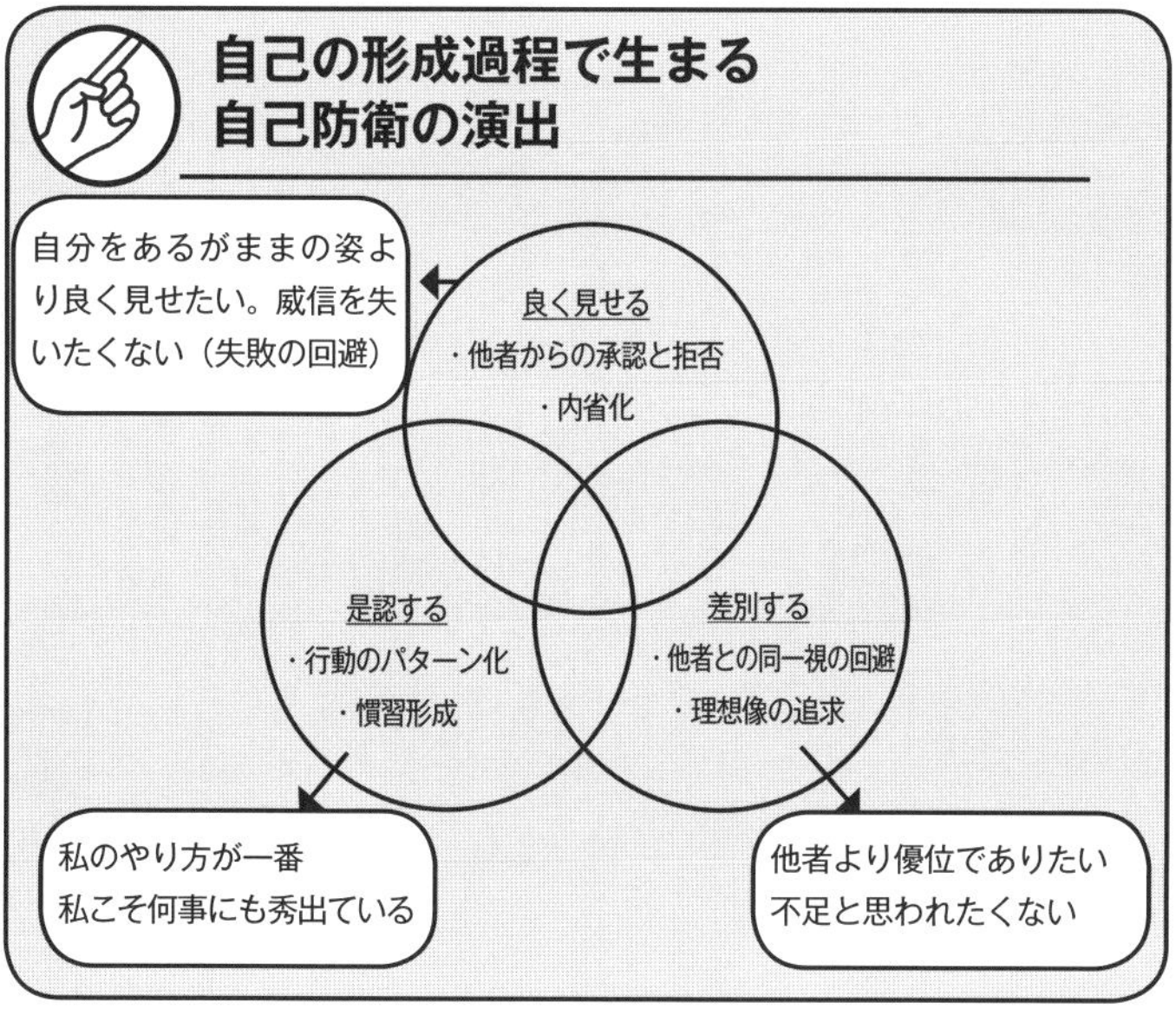

り、周囲の目を引きたい、周囲から忘れられたくない、そう思っている人に多いことを知っておかなければなりません。

言い訳をする時、その人の顔はてらいと羞恥に満ちているものです。そこは触れずにてらいを認める心の広さも上司には必要です。

あるいは、言い訳を否定せずむしろ歓迎し、言い訳のネタ切れを招くのもいい方法かもしれません。

11 言ってもムダ、言っても聞かないなら言わしめよ

一方的に言うから聞かないのだ

職場には周囲に悪影響を与えることを知ってか知らずか、何かとコトを起こしてしまう人がいるものです。上司としては、その都度注意をしたり、あるいは見て見ぬふりをして見守ったり、そのうちに直るのではないかと時の解決を待ったりしていることが多いでしょう。

しかし、一向にその人の態度や行動が変わる様子はない……。そんな時は、ただ手をこまねいて見ているより、何か妙案・秘策はないかと第三者に考えを求めてみてください。このような人は、大きく3つのタイプに分けられます。

①本人は気付かずにやっている

このタイプへの対処は最も容易です。頃合いを見計らって示してやれば良いだけです。

②わかっているが、自己努力での解決は難しい

このタイプは、自分ひとりでの解決がムリであれば、パートナーを見付けて、その人と共にという解決策が良いでしょう。その際のパートナーとは、本人と同じような要因で周囲に悪影響を与えている人を選ぶのがコツです。その上で、そのパートナーが周囲へ与える悪影響の要因を本人に指導させるのです。いわゆる、「教えることで自分も学ぶ」ことの原理を活用します。

例えば、よく遅刻をする後輩に対して、「遅刻はあなたを取り巻く人々に多大な迷惑を及ぼしていることにまず気付くべきだ」と言うことで、教える側（本人）の遅刻防止に効果てきめんです。

③悪いと思っていない

このケースは最悪です。例えば、同じく遅刻を例に挙げて説明してみましょう。遅刻をする部下はこんなことを言いませんか？

「遅刻、遅刻とおっしゃいますが、私は残業してまでチーム全体の成績を落とさないように努力をしているのです。遅刻くらい大目に見てくださいよ」

確かにチームへの貢献は衆目の認めるところです。だからといって、社会的ルールとして、また基本的マナーとして、遅刻を容認するわけにはいきません。

「あなたはそう言うが、組織のルール上、遅刻は認められない。明日からは絶対に遅刻はしないように」

「はい、努力してみます」

こんなやり取りでお茶を濁すのがオチで、一向に改まりません。では、どうすればいいのでしょうか。

言ってもダメなら、その逆療法をするしかありません。

ただ話を聞くなら誰でもできます。指導、育成責任を担う上司としての聞き方、すなわち積極的傾聴（アクティブ・リスニング）の技術を使ってみてください。

積極的傾聴の技術を使うと、遅刻に関するやり取りは次のようになります。

「やあ、いつもご苦労さん。あなたの働きのお陰でウチのチームの成績は順調だ」

「いいえ、そんなことありません。私としてできることをやっているだけです」

「ところで、残業も多いようだが、朝定時に出てくることは大変なのかね。どうなの」

「そうですね。定時にと努力はしているのですが、残業で帰宅が遅くなった翌朝はどうしても……」

「あなたとしては、何かそれを解決できる方法はないのかね」

「そうですね。伝票の整理とか、文書の作成といった作業に結構時間を取られるので、この一連の作業が何とかなればと思うのですが」

「そうか、そういった付帯的な作業時間を何とか解決できれば、あなたは遅刻することなく定時に出社が可能ということになるのだね」

「ええ、まあ」

「では、その付帯的作業はS子さんにやってもらうように、私から言っておこう。そうすれば、明日からは定時出社できるね」

「はい、ご配慮いただきありがとうございます」


このようなやり取りがあれば、本人は如何ともしがたいはずです。結果として、上司

傾聴の５つのポイント

① **必ず労をねぎらう**
部下に対する日頃のねぎらいの気持ちを伝える

② **共感的な対応に努める**
相手を尊重し、相手の立場を理解して話を進める

③ **自分が支援できるものを明確に示す**
部下が抱える問題のうち、支援可能なものを明確化する

④ **押し付けをしない**
最悪パターンは、自分の考え、評価を強引に押し付けること

⑤ **「一時に一事の原則」を貫く**
さまざまな面からアプローチすると焦点がぼける

の言う通りにせざるを得ないのです。なぜなら、自分で導き出した解決方法なのですから。

積極的傾聴の活用は、目的別に、意図的に話を聞き、話し合いで目的とするところを部下側の言質として取るところにあります。

「遅刻するなよ」と、上司側が一方的に言うのではなく、「遅刻をなくすように努力いたします」と、部下側に言わせることが、積極的傾聴のゴールです。

もし部下が何も言わないのであれば言わない理由を、言っても聞かないのであれば聞かない理由を聞いてみること。一方的なやり取りでは建設的な歩みよりは生まれません。悪いところは指摘するのではなく、本人に気付かせることが大切です。

積極的傾聴の技術を磨く

①耳で聞くな、態度で聞け
・相手を見よ
・頷く
・前のめりになれ
・要点はメモを取れ
・感情を入れよ

②聞くことに集中しろ
・漠然と聞くな（目的を持て）
・周りの人、物、情景に気を散らすな
・他のことを考えるな（次の質問、話の整理）
・先入観、固定観念を入れるな

③話は最後まで聞け
・途中で話の腰を折るな
・途中で評価するな
・言いたくなったときは一拍間をおけ

④相手の話を促進させろ
・相づちを打て（なるほど、それで）
・詰まったら助け舟を出せ
・相手の話に乗れ

⑤不明なところは確認しろ
・曖昧なところは確認しろ
・わからないことは質問しろ
・混乱している時には整理しろ

⑥必要に応じてリピート（復唱）しろ
・そのままリピートする
・自分の言葉でリピートする
・相手の気持ちでリピートする

12 役割機能を果たさない、果たせないなら飛ばせ

配置転換、降格も別の意味では人材活用となる

組織は階層文化です。階層としての機能分化が発揮できなくなると、組織は沈滞・凋落します。したがって、上位者の指示・命令に、曖昧または反発的な対応に出る部下がいれば、その部下の階層に占める立場・役割は略奪しなければなりません。上位者というのは、その決断を迅速に下さなければならないのです。

「T主任、あなたの部下のSさんは、最近、会議では居眠りをするし、勤務態度にも問題がある。厳重に注意をするように」

「そうします」

その後、何日も経ってもSさんの態度に変化が見られない……。

「T主任、Sさんに注意したのですか」

「はあ、なかなか言いにくくて……」

そんなことが、数回繰り返された後、仕方なくT主任を飛ばして、N課長本人がSさんを呼んで注意をしました。ビックリしたのはSさんです。なぜT主任からではなく、N課長から注意されなければならないのか……。

Sさんと T主任、T主任とN課長との関係はどうなっているのでしょう。

まさしく、Sさんがウチの職場はどうなっているのかと懐疑して当然です。Sさん自身も悪いのですが、人はどうしても、他責化して、人を悪く言うことで自分の罪を逃れようとしがちです。たとえSさんが、この事態を告発しても何の意味もありません。しかし、第三者的に見れば、このケースは、かなりの問題を含んでいるのです。

まず、組織における階層の崩壊を招いています。次に、上下関係を根底から覆す状況が起きています。実際に、このようなケースは少なくないはずです。

組織は常に上位者の味方でなければなりません。そして、組織の中において、上下間における方針、主義主張は同一方向でなければならないのです。

この2点を順守できない上下関係は、組織構成上のネックになるばかりか、何の益も生みません。

このケースの場合、部下のSさんに指示命令の出せないT主任を、その上位者であるN課長は、階層の中から除外する手段に出て然るべきです。それができないのであれば、T主任の上位者としての立場、役割を自ら捨てなければなりません。

「T主任、あなたがどうしてもSさんに強く出られないなら、チームをリードするのには力不足ということになり、リーダーとしての資格を失うことになります。それでもいいですか」

押すべきところは押し、引くべきところは引く。そのメリハリを付けないと、人材の管理は難しくなります。左遷の哲学という言葉がありますが、挫折をバネにできる人材のほうが、将来的には、組織文化を継承していく力を養うことができます。

順風満帆な管理・リードは誰でもできます。問題は、逆境に直面した時のリーダーシップです。逆境に強い人材を作る。その意味からも、組織文化のためにメリハリははっきり付けなければなりません。

13

上司の存在そのものがストレス！

部下のストレスは上手に飲み込む

ある職場で、若手社員のG君（25歳）が、高級車ベンツを購入しました。若いので格好を付けているのだろうと、周囲は思っていました。彼はその車のローンの返済に、給料やボーナスのほとんどを注ぎ込んでいたので、小遣いはかなり少なくなってしまったようです。

ですが、そこまでしても、彼がベンツのハンドルを握りたいと思うのは、ドライブしたいためではありませんでした。

「G君、こんなミスをして！　何をやっているんだ」

こんな形で、上司に叱られた夕方にこそ、彼がベンツのハンドルを握る時です。

「課長め！　あんたが乗っている車は何だ。オレは、高級車のベンツだ。くやしいだろう」

こう叫んでストレスを発散させていたのです。そのためだけに高級車ベンツを購入したのです。日々、金銭的にはギリギリの状態で、しかも車は上司に叱られた日以外は無用で雨露に晒されている……。ずいぶんと高価なストレス発散法としか言いようがありません。

上司として、この事実を掴んでいたら、どのような対応をしたでしょう。

「G君、何を考えているんだ。今日にでもその車（敢えてベンツという言葉は使わない）を処分してしまいなさい。ローンの支払いでサラ金にでも手を出されては困る」

こう言われたら、その夕方、やはり、G君はベンツのハンドルを握っているでしょう。

「G君、ベンツの乗り心地はどうだ。隣にはステキな彼女というところだろうが、どうだ、今度私を乗せてくれないか。大衆車にしか乗ったことがないから、一度は高級車に乗ってみたいと思っているんだが」

このように言われたら、G君は、ベンツの存在意義を根底から覆されることになります。

人にはそれぞれ価値観があり、それは十人十色、多種多様です。G君は、高級車に価値観を見い出していたのではありません。車のグレードでもって、人間としての価値付けをしようとしていたのです。

しかし、社内の人間の価値付けなど、車でできるはずがありません。そこには、上下関係に基づく価値観しかありません。前者の課長の言葉では、G君が車においていた価値観と同じ価値観を課長が持っていたことになります。ですが、後者の課長の言葉では、課長は車と人との価値観を明確に使い分けています。

誰もが、上司として部下にストレスを極力与えないようにしたいとは思っているはずです。上司としての存在そのものが、部下にとってはストレスであるとすれば、投げ掛けでもって、できるだけストレスを軽減させることが必要です。なぜなら、上下関係にストレスが存在すれば、相互の信頼関係を損ねるだけでなく、創造的な関わり合いも生まれなくなるのですから。

上司は、部下のストレス発散方法をこっそりとでもいいので調査しておくといいでしょう。発散しようとしてる時は、壁にぶつかっているものと判断してください。

同時に、上司から受けるストレスは部下の自主性や創造性を阻害するものと心得、日頃の言動には注意を払うようにして欲しいものです。

14 情に弱いのなら先手必勝で臨ませよ！

人情の情と情報の情の管理が必要

落語の世界に人情話はよく登場しますが、ビジネスの世界にも似たような話はよく聞かれます。

「Kさん、これじゃあ持ち出しじゃないの。ウチの会社は慈善事業をやっているわけではないのだから」

「わかっています。でも、先方さんは、その線がギリギリで、これでムリなら会社が潰れるかもと、泣きつかれてしまいまして」

「お前さんは、泣きに弱いんだな。情にほだされて商売をしていたんじゃ、こっちだって倒産してしまう。今回限りにしろよ」

値引きをしすぎて、上司からお叱りを受けたKさん。Kさんは情にもろいところがあるようです。そこに、取引先から付け込まれたと上司は解釈しました。

仕事で、情に絡んでしまうと、的確な判断や意思決定はとかく難しくなってしまいます。それによって仕事に多大な損失を被るケースも少なくありません。Kさんの会社にしても、いまの取引では期待通りの利益は望めないでしょう。それどころか、本当に持ち出しになり、赤字の結果となるかもしれません。

Kさんは、先方に泣きつかれて情にほだされて、強引な取引を余儀なくさせられたのです。そんなKさんの人間的、感情的な面は、人としては素晴らしいですが、やはりビジネスの厳しさは上司として叩き込まなければなりません。


「どんな泣きつかれ方をしたのか。やってみてくれ」

「……」

「まだ、表情的に余裕（付けいるスキあり）のある泣きつかれ方だな。じゃあ、教えてやろう。またどこかの取引先で号泣されたら、『でも、私の会社もこれがギリギリなのです。どうしてもダメなら、私はここで頭を丸め、あなた様にお詫びをすると同時に、その頭でもって、その旨を私の上司に報告させていただきます。それが、私の真意です』

と、これくらいは言って、その場を収められなければ、一人前の営業社員にはなれない」

「涙にもいろいろあるわけですね。号泣されても、自分の会社を守れ。それ以外には強気で臨めということですか。プロの世界は厳しいものですね」

こんなやり取りが可能になれば、Kさんの情実管理には一歩磨きが掛かることになります。

「情」には、人情の情と、情報の情とが掛け言葉になっています。人情も情報も、共にきめ細かな管理が要求されるものです。その上で、判断・意思決定することが望まれます。

特に人情に絡む状況に直面した時は、判断や意志決定に細やかな情報管理が必要となってきます。そのあたりは、上司であるあなたがフォローしてもいいでしょう。また、自らも情にもろい上司も中にはいると思います。類は友を呼ぶものです。もしも、自分も流されそうになったら状況や環境をあえて変化させて意志決定に臨むようにしてください。

15

なぜ一生懸命に動いているのに成果が低いのか？

段取りひとつでおっちょこちょいも生まれ変わる

職場の中には、他の人よりもよく動き回っている割に、成果が低いという人がいます。要は、ムダな動きが多くて効率が悪く、生産性が低いのです。では、ムダな動きを改善する方法・手段はあるのでしょうか。

人は活動・行動に移る前には必ず計画を立てるものです。いわゆる「段取り」です。ムダな動きの多い人の共通的な特徴として、「段取り下手」「プラン能力弱」が挙げられます。

充分な段取りをしないですぐに動く。すると、不備な点が出てくる。また、元に戻ってやり直す。が、やはりプランが甘いので軌道修正を余儀なくさせられる。結果として、人の数倍も時間も労力も費やしているのに、成果が思うように出ないという愚の繰り返しをしてしまうのです。

「それを進めていく上で、考えられる不測の事態は何か」

……不測事態・危機管理

「その不測事態がもし起きた場合、考えられる対応策は」

……不測事態対応・代替案の検討

プランが甘く、いつも効率の悪い動き方しかできない部下に、上司としては、このような言葉を常に投げ掛けていかなければなりません。初めのプラン（段取り）を充分に検討しないで、すぐに行動に移ってしまうものだから、ことが思い通りに進まなくなるのです。そうすると、余計に、バタバタ度を増すというものです。

「段取り6〜7分で、仕事（動き）3〜4分でいいんだ」

「取り巻く状況を的確に把握した上で、目標達成に向けて入念なプランを作る。それに基づいて動くことで、いまの数倍の効率性と生産性が約束されるはずだ」

こんな言葉を投げ掛けて、部下に、入念なプラン作りの必要性、重要性を指導してください。そうすれば部下は、段取りのやり方を肌で感じ取ることができるでしょう。

ムダなことを教えるには、上司自らが、ムダな時間を部下のムダのために費やすくらいの心づもりが必要です。

おっちょこちょいの人は、段取りに重きを置けばいまの倍以上の効率で活動できるようになるものです。

あるいは、「教えて学ばせる」方法をとってもいいでしょう。段取り下手な部下が、誰かに段取りの仕方を教えるという環境を整えてみるのも荒療治としていい方法かもしれません。

とにかく、上司であるあなたがサジを投げてはお終いです。あなた自身の評価が下がることも考え、諦めずにあの手この手でじっくりと指導していってください。

16

派遣社員を上手く使うには？

雇用形態の変化を叩き込め

昨今の雇用形態の変化が、職場の人間関係をより複雑なものにしています。

「課長、Yさんは派遣社員のQさんと一緒の仕事は嫌だと言っているのですが……」

さて、上司として、Yさんを説得し、職場のチームワークを図らせるにはどう働き掛けたら良いのでしょうか。

「いまや、どこの職場でも正社員だけでなく、契約社員、パート・アルバイトなどを雇用し、その割合が4対6とか、極端なところでは1対9になっているところもあるくらいだ。派遣社員だからやりにくいなどといっていては、これからの職場生活はやっていけなくなるよ」

こんな言葉を口にしたところで、職場のチームワークは取り戻せません。

もしかしたら、派遣社員のQさんに問題があるのかもしれません。しかし、実際にそうだとしても、Yさんにはその問題解決を図って、Qさんを使っていくことが求められます。したがって、上司としては、Yさんと共に問題解決を図ることが先決です。


「Yさん、仕事のほうはどうだね」

「ええ、まあまあというところです」

「ところで、キミを呼んだのは、派遣社員のQさんのことだが、彼はどうだね」

「ええ、派遣社員なのだからという意識がQさんには強くて、その立場に甘え過ぎているのではないかと思えるのですが」

「正社員と派遣社員について、キミはどう捉えているのかね」

「私としては、同等に付き合っているつもりなのですが、Qさんのほうが何か防壁を張っているように思えます」

「何かその防壁を外す方法はないものだろうか」

「そうですね。今度一度、チームの皆で話し合う機会を、課長の音頭で取っていただけないでしょうか」

「そうか、わかった。近々そうしてみよう」

コミュニケーションの少なさが、派遣社員であるQさんの防壁を作った原因になっていたケースです。問題解決の糸口をYさんの口から引き出すことに成功しています。

人使いの下手な人に共通する特徴には、次のようなものがあります。

・自分は自分、人は人という自己中心的な意識で仕事をしている
・合う合わない、好き嫌いと、人の持つ属性的なことにとらわれやすい
・和とかチームワークといった面への働き掛けが弱い
・部分のみに目がいき、全体を見ない。いわゆる「木を見て森を見ない」タイプ
・余計なコミュニケーションを嫌う

Yさんのようなケースでは、上司は機会を設けてコミュニケーション、それもフォーマル（公式）、インフォーマル（非公式）を問わずに取っていく必要があります。

部下が派遣社員を上手に使って、効率良く仕事を進める。そのように指導・支援していくのが上司の役割であり、責務でもあるのです。

17

ものごとをよく言わない「一言居士」の対応法

あなたの存在なくして我々なし

「一言居士」という言葉がありますが、必ず何か一言言わないと気の済まない人のことです。問題は、「その一言」です。それが周囲を良い方向に動かす程の影響力を持つのならともかく、たいていは、「またあの人が……」という反応しか起きません。

当人はわかっていることのほうが多いものです。わかっているが故に、一言言ってしまう。そこに働く心理は、自分の存在感のアピール以外にありません。ここで言っておかないと、自分の立場が薄くなる。そのために内容も口調もついきつくなるのです。

——あっ、Sさんが、何か言いたそうだな。言わなくてもわかっているけれど、あえて言ってみたいかな……。やっぱり口を開いた……。

「それはないでしょう。そんなことウチの課では引き受けられない。この忙しいのに誰がどうするというのです」

「そうですね。Sさんの言う通りなのですが、ウチの課でやらなければ、他ではできない状態なのです」

「いつも、課長はそうなんだ。私にはできませんよ」

「……」

Sさんは、課で何かするとなると、必ず「一言居士」を演じる立て役者なのです。上司も、それを知っているから、軽くあしらってSさんとのやり取りを済ませています。でも、このやり取りでは、本質的な解決にはならず、Sさんの「一言居士」癖は修正されることはありません。

このような「一言居士」タイプには、先制をとるに限ります。

「Sさん、こんな仕事がウチの課に回されてしまったよ。Sさんだったらどう対処するかね。私は、部長にそれはないでしょうと、噛み付きたいと思うのだが」

「噛み付くのは簡単でしょうが、それをしても結局ムダでしょう。やるしかないでしょうね。それにしても、課長は、上に対してはいつも弱腰なんだから。何とかしてもらわないと、こっちの身が持ちませんよ」

課長の対応を変えただけで、Sさんの鉾先は、全く違った方向に向きます。このように、「一言居士」は、その一言をどこに向けさせるかで、言動に大きな変化が期待できます。もともと一言居士は自分の存在理由がなくなることにビクビクしているから、存在を評価し、その能力活用のアプローチを向ければ、持てる力を必ず発揮してくれます。

「ここはひとつ、Sさんのパワーに期待しよう。よろしく頼むよ」

「……」

Sさんは、上司や周囲の期待を確認し、それに応えるべき自己PRをしてくるものと思われます。一言居士は理屈が極めて単純で、明解です。要は、自分の存在理由が明らかなものになれば、それに満足感を得るという特色があるのです。

また、一言居士には開発・改善を目ざとく見付ける能力がある人が多いのも事実です。ただ、見付けるだけで形にしないだけです。あえて、苦言を呈するポジションとして上司の側に置いておくのもいいでしょう。

ただし、批判・非難は放置することで職場の雰囲気を暗くします。上司はそこに気がついたら、マイナスをプラスに変えるよう努力を怠ってはなりません。

18

自己主張をしないのは上司のせい？

思想・主義がなければ社会人として失格

職場には必ずといっていいほど、自己主張をしない、したがらない人がいます。

「この部分は何色にしようか。キミはどう思う」

「別に、何色でもいいですよ」

「じゃあ、無色でいこう」

上司としては、自分はこういう理由でこういう色がいいと思うと、答えて欲しいところでしょう。自分の意見がない、表明しない、ということは、仕事に対する主義主張も、大げさに言うなら、仕事に取り組む思想すら持ち合わせていないことになります。

「どちらでも」という解答ほど無責任なものはありません。全く参画したくないという表れです。

「昼飯は何にしようか」

「何でもいいですよ」

「じゃあ、抜きにしよう」

こんなやり取りは笑い話でしかないですが、これも、自分の主義主張を抜きにしたやり取りです。日常生活の中で、いかに自分を表現しない、できないでいる機会が多いことか。

逆に、自己主張を無視した挙に出てしまっていることもあります。

「タバコを吸ってもいいかね」

「ええ」

「昼飯はあそこのランチでいいな」

「はあ」

「今日は夕方会議だ。6時から会議室に集合」

「あのー、今日の夜は……。ええ、わかりました」

目つきやしぐさで威嚇して、部下に有無を言わせずに従わせる。部下に自己主張の余地を与えない。このやり方は、自分という上司は常にこういう上司なんだという通り相場ができていれば、これで結構いけることもあります。しかし、マネジメント的には、決して良い上司とは言えません。

上司が自己主張が強い場合、部下は、大きく2つのタイプに分かれてしまいます。自己主張の強い部下と、逆に全く自己主張をしない、したがらない部下とに。

しかし、上司としては、自己主張しない部下には、自己主張させる仕掛けをしていかなければなりません。


「夕方に会議をと考えているが、キミの都合は？」

「ええ、今日の夜はちょっと」

「それは、変更できないのか」

「ええ、前々からの約束でしたから。でも夕方○時からで○時までには終わりますね」

「2時間くらいあれば」

「2時間ですね。では、2時間という条件でその旨を先方に伝えて了承を取り付けます」

「頼むよ」

「はい」


声と目で威嚇し、有無を言わさず会議に持ち込めば、この部下は、多分会議に積極的・

建設的に参画することはないでしょう。ところが、都合を聞き、譲歩して合意の上で会議を開催すれば、この部下は全面的に参画します。

自己主張をさせないで、ものごとを運べば、すべてが自分の思い通りになるかもしれません。しかし、それは部下の自主性・創造性の芽を摘み取ることになってしまいます。部下の意見を尊重することは、部下の可能性を引き出す働き掛けなのです。

酒席でもいいので、「自分はこういう人間だ」と互いに言う機会を設けてみるのもいいでしょう。ただし、上司がしゃべりすぎると部下は上司の話を聞くだけに終わります。できれば自分は話さずに、部下に話しを聞くようにしてみてください。

19

向上心・好奇心が弱い部下はどんどん思考させよ

○……魚でなく釣り竿を与える工夫を

仕事そのものが勉強だという見方も世の中にはあります。しかし、時代の変化が激しいいま、従来のノウハウやスキルを身に付けただけでは、時代を乗り切れないというのが現実です。

「新しい知識を広め、自らの専門性にも磨きを掛ける。識見の拡大と専門能力の強化こそが、皆さんの課題だ」

このように発破を掛ける上司は多くいます。そして、自ら向上心・好奇心の旺盛なことを示範していきます。上司は、嫌なことほど率先垂範（自ら先頭に立って範を示す）をしなければなりません。

「オレたちみたいな昔の人間は、勉強しなくとも世の中の動きについていけた。でも、あなたたち若い世代はそれではダメだ」

こんな言葉はいただけません。昔の人、古い人ほど、新しいものを求めていかなければならないのです。

「あなたの目下の関心事は何ですか」

「ほう、それを今後どのように深めていくつもりですか」

「私としては、このような切り口もあるのではないかと思えるのですが、あなたの見解はいかがなものですか」

こんなやり取りが日常茶飯事に交わされて欲しいものです。

中国の諺に、「食に困った人に魚をあげてはならない。釣り竿を与えよ」というのがあります。魚をもらったなら、その魚を食べて、また次の魚をねだる。それよりも釣り竿を与えれば、海なり川なりに行き、魚を釣り、その魚で空腹を満たすことができます。

いわゆる現物を分け与えるのではなく、現物を手に入れるためのノウハウを与えることが重要なのです。

「パブロフの犬」という有名な心理学的実験があることは皆さんご存じのことでしょう。

ある大学で、パブロフの犬を知っているかと、先生が学生に問い掛けたところ、ひとりの学生が、あのスナックにいる犬だと答えたという笑い話がありますが……。

パブロフの犬とは、餌を与える時にベルを鳴らして、これを繰り返し、最終的にはベルが鳴ると唾液が出るように学習付けられた犬のことです。つまり、ひとつの刺激に対して、決まった反応を示す行動パターンを取ることを「パブロフの犬」と称しています。

これに対して、何かを操作することで餌にあり付ける実験があります。これを「オペラント（操作）行動」と呼びます。ひとつのレバーを押す行動と餌にあり付けるということが結び付くのです。先の中国の諺と相似たものがあります。魚は「パブロフの犬」にあたり、釣り竿は「オペラント行動」ということになります。要は、餌が誰かから与えられるのか、自らの行動を通して得られるかの違いです。後者の学習行動は、応用発展していく余地を残しています。

算数の例で見てみましょう。日本では、

3＋4＝7

と教えます。ところが、欧米をはじめ諸外国では、

◯＋□＝7

として、○と□に入る数を考えさせます。

まさしく、魚と釣り竿、「パブロフの犬」と「オペラント行動」の差と言えそうです。

「あなたがあげてきたこの企画は、販売促進の費用見積もりが甘い」

これは、単に指摘したに過ぎません。

「あなたがあげてきたこの企画は、費用見積もり通りで本当に大丈夫かな？」

こう聞けば、部下には、検討の余地が広がります。それによって、企画そのものの品質向上に繋がります。同時に部下は、多角的・多面的に思考力が磨かれていきます。

部下にはできるだけ裁量の余地を与えて仕事を任せよ、と言われますが、任せるということは、できるだけ多くの思考余地を与えるということです。

部下には、釣り竿を持たせて放り出しましょう。魚の食いつきの良い時間、場所、餌など、自分で考えるように仕組んでください。部下に視野の拡大を図らせるのが上司としての責務です。

乾いた人には水ではなく井戸を掘る技術を伝えます。学んだ技術は代々受け継がれるものです。

20 筋違いな見解でことの解決を図らせるな

○……一理の是非を多角検討させよ

筋違いな意見を述べて、ことの問題解決を図ろうとする部下がいます。

「その件は、取引先のP社が数日様子を見させてくれというので、放っておいたところ、P社がR社に発注してしまったんです。私の落ち度ではありませんよ」

「……」

商談を持って行かれたZ君が、R社に商談を持って行かれたいきさつを上司に報告しているところです。全く筋違いとしか言いようがありません。この場合、上司として、部下にどう対処すべきでしょうか。

似たような話にはいとまがありません。

「Y君は、音楽が好きなようだったね」

「ええ、ロックやジャズから、クラシックまで、音楽のことなら仕事以上だと言われているんです」

「ところで、私が指示した仕事はどうなったのかね」

「ええ、とっくに終わったので、いまこうしてちょっと音楽を聴いていました」

上司は、指示待ちじゃあ仕方がないだろうと言いたかったのです。部下に自ら気づいて欲しかったのですが……。

このような筋違いな言葉はなぜ生まれるのでしょうか。そこには、自己愛しかありません。地球が自分中心で回っていて、何事も自分に有利に動く。そう信じて、ことごとく自分のために動くようにし向ける。だから、筋違いが生まれるのです。要は、物事の本質を見失い、周囲への配慮を欠いた形で目的達成を企てているのです。

その結果、筋違いの結論を導き出すに至るのです。

しかしそれには、本人のみに責任を帰してはならない背景も少なくありません。先の商談を持って行かれたZ君のケース、そしてY君のケース、いずれも上司にも、責任の一端はあります。

すなわち、勝手な言い放題をさせているのは他ならない、その上の立場にある人なのです。先のケースであれば、Z君への信頼パターンに間違いがありました。Z君を全面的に信頼してはいけなかったのです。

「Z君、P社の件だけど、R社の動きは充分に検討しているのだろうか。で、R社の動きはどうなの」

こんな言葉をZ君にあらかじめ投げ掛けておかなかったから、Z君からの先のような報告を受けることになってしまったのです。

Y君のケースも、Y君の音楽好きを是認しているようなものです。

「Y君、音楽はキミの仕事の効率を上げてくれるのかね。じゃあ、Y君には音楽をどんどん聴いてもらって、どんどん仕事をやって生産性を上げてもらうことにするか」

こんな言葉をY君に投げ掛けておけば、指示が怖くなり、音楽どころではなくなるでしょう。

言葉は幸せの武器にもなりますが、時として使い方次第で強力な凶器ともなってしまいます。筋違いは、人間関係をことごとく惨憺たるものに変えてしまうので気を付けたいところです。

21 自己防衛機制が強い部下には口より体を動かさせよ

○……優しくすれば付け上がる、冷たくすればムキになる

前項の言い訳は自己防衛の最たるものです。自分を過小あるいは誤った評価をされることを防ぐ便法です。

「どの案でいくか、早急に結論を出すようにと言っておいたのに……」

「ええ、早急にと思ったのですが、分析・検討すればするほど結論が絞りにくくなってしまいまして……。それですぐにご相談させていただこうと思ったのですが、課長がなかなかつかまらなかったので……」

言い訳には、行動に移したが、成果として結実を見なかった理由や原因を細かに表現されます。このケースでは、早急に対処できなかった理由と原因、結論を絞り込むに至らなかった理由と原因を、ばつの悪い思いで懸命に弁明しようとしています。

この言い訳に接した上司として、次に取るべき行動は何でしょうか。

「では、分析・検討の中身を明らかにしてくれ。次に、結論を出すために、私に何を求めたいのかを述べてくれ」

当然、上司としては、こう切り出すでしょう。ですが、言い訳は自己防衛から派生しています。自分の能力を低く評価されることを回避したいという心理規制です。したがって、こう切り出されると、部下は、自分の低能ぶりを直撃されたのと同然となってしまいます。自分を取り繕う心の余裕（ゆとり）を失ってしまうのです。

「これについては、全面的にキミに下駄を預けた形にしてしまった。難しい案件というのはわかっているよ。キミが分析・検討した範囲でいいから、キミとしての方向付けを聞かせてくれ」

「いろいろ分析し、検討して、遅くなってしまったのですが、私としては……」

こんなやり取りなら、部下は、自分の努力が認められ、結論が出ないことを容認してもらえたと考えます。したがって、自己防衛の構えを払拭して、精一杯いままで考えたことを自分の能力レベルで解答してくるはずです。

自己防衛機制を回避させるには、次のような方法手段が有効です。

●自己防衛機制を和らげる方法・手段

□部下を公正に評価する
□部下の能力レベルを把握する
□部下の能力を尊重している旨を、日頃から口にして伝える
□自分は完璧な人間ではなく、抜けやスキもあることを部下に周知する
□人には長短強弱のあることを日頃から口にする
□人それぞれ、できるものとできないものがある。できない場合は、その理由を明確にするよう常に求める
□人には限界があることを部下との間で共通認識とさせる
□努力がすべてであり、努力が成功のベースであることを常に口にする
□人は、自分との闘いを通して成長していくものであるということを、部下との間で共有する

すなわち、言い訳はムダであり、自己防衛の表れであると部下に示すことです。だから、部下の姿勢（言い訳）に目くじらを立てるばかりが能ではありません。部下に言い

訳の余地を与えない自分にも関心を払う必要があるのです。部下との関係形成は、常に「共育」なのです。

自己防衛機制は、人により強弱があります。いつもオープンに自己表現している人には比較的弱いものですが、内向的で、自己表現を抑制しがちな人には強く出ます。外の評価と自分内にある評価とのギャップを露呈したくないからです。これが高じると、意固地・頑固となるのです。

しかし、仕事の成果物に対するこだわりには変わりがないことが多いのです。

自己防衛が強い部下に対しては、具体的な行動レベルを押さえて対処するのが望ましいでしょう。マネジメントの展開に重きを置くべきです。

また、職人にはガンコな人が多いものですが、それも自己防衛の演出である場合があります。自分の成果物に無言の重みを増やしたいのかもしれません。

上司は、部下それぞれがどういうモチベーションで、どういった特性を持っているのかを把握し、それぞれに合った対応をしていくべきです。

たったひとりでも会社から部下を預かるということは大変なことです。そのことを自覚してください。

22

ＩＴ音痴はきっちり正せ

情報リテラシーに長ける社員が生き残れる

ＩＴの進化と普及のおかげで、職場のコミュニケーションの様相が一変しました。かつては一対一でのコミュニケーションが主流でしたが、いまやメールが主流です。共に一長一短はあります。

「キミね、返答はメールでと伝えたはずだが」

「ええ、社長。私はメールでは伝わらない『気の入れ具合い』を伝えに来たのです」

「……」

社長がメールで返答するようにと言ったのに、この課長だけ、社長室に顔を出し返答を伝えに来たのです。確かに気合いの入れ具合いとか、熱意などはメールでは伝えられません。メールはリアルタイム（現場、現時点）でのやりとりは可能ですが、心持ちまでは伝えることはできません。心持ちや気合いを伝えるにはやはり対面に限ります。

ただ、メールなら社長の都合のいい時間に見ることができるのですが、対面では時間と場所を限定することになります。社長としては、

「あなたの意気込みは評価できる。だが、メール活用のルールも大事にして欲しい」

このような言葉でもって、是々非々を示したいところです。

メールは便利である反面、効用と限界をわきまえた活用が望まれます。

「ただいま。今夜のおかずは？」

「今夜は肉じゃがとサンマよ。10分ほど待ってね」

「わかった。でき上がったら教えてね」

これは、ある新婚カップルのメールでのやり取りです。夫は帰宅して自室のパソコンから、妻はキッチンのパソコンからそれぞれメールを送っているのです。彼らは、対面では充分な意思疎通がかえってできないと言っているから、世の中も変わったものです。

情報通信機の活用は、仕事のスピード・効率・拡大などを実現させ、職場のペーパーレス化や、情報発信や情報収集などに大きな効果をもたらしました。さらにはマーケティングや金融などのあらゆる情報がリアルタイムで手に入り、しかも、それをいながらに

して動かすこと（売買など）ができます。営業や経営戦略になくてならない存在です。ただし、こういった便利な反面、人間関係の形成に大きく影響を与えたことは否めません。

また、ＩＴがどんどん進化していく昨今、片寄りすぎてはなりませんし、社員すべてが同じレベルで扱えるとは限らないことも注意しなければなりません。そのため、次のルールは順守させなければなりません。

・わからないことは、わからないと明確に示す
・すべてがＩＴで処理できるとは限らない。また、場合によっては従来のアナログ方式のほうが良いこともある。使い分けの判断を間違えないようにする
・できない人にムリして時間と労力のムダ遣いをしているよりは、専門家やその分野に長けた人に任せたほうが効率的ということもある

ＩＴ嫌いに無理強いをさせることはありません。

ただし、最低限の操作はできないと、チームの足を引っ張ることになることは告知し

なければなりません。それが中高年ならば、長年培ってきたマネジメント力の強化にあてるなど、マネジメント力を持って、貢献できるよう仕向けていきたいものです。

ＩＴ使用による効果は限られています。その限界を見極めることも大切です。

23

家庭優先の部下はどう対処するか

それでもキミは行くのか、幼稚園の参観へ

本書で度々登場させていますが、映画「釣りバカ日誌」の主人公ハマちゃんみたいな社員をあなたはどう思いますか。彼のような人物が実際にあなたの部署にいたとしたら……。ハマちゃんは、奥さんをこよなく愛し、子どもを大切にします。彼にとって大事なのは、1番は趣味の釣り、2番は家庭、その次が仕事です。

ひと昔前なら、こういう男性は取るに足りないと一笑に付されていたでしょう。しかし時代は変わっています。家事参加をする夫が増加していますし、男性でも「育休」を取る時代です。ゴミ出し、掃除、買い物、そして料理、洗濯、子育てなど、すんなりとごく自然にこなしているのが現代の若いお父さんです。

20世紀には「亭主関白」という言葉が存在していましたが、いまは全く耳にしなくな

りました。

妻と夫との間での家事の共有化が進んでいることは明白な事実です。つまり、仕事一途ではなく、仕事も家庭もという社員がほとんどであるということです。

「すみません。子どもが突然熱を出しまして、病院へ連れて行かなければならなくなりました。妻はどうしても今日は会社を休めないと言いますので、休暇をいただきたいのですが」

「ホームヘルパーさんが急に来られなくなってしまい、母の介護をしなければなりません」

「娘の授業参観がありますので、休暇をいただきます」

「……」

今日の会議にはどうしても参加させたいと思っていたのだが……。

「そうか、では今日の会議は出席できないな。仕方がないか……」

部下にとっては、物わかりのいい上司です。

「何を言っているんだ。大事な会議に参加するのは当たり前だろう。一切の理由は受け付けない」

物わかりの悪い上司と言いたいところですが、こう言い切って、自らが会社人間を自負している上司だとしたら、やはり部下は、その言に従わざるを得ません。

ただ、上司が何と言おうと、休むと言ったら休みますという社員も増えてきているのも事実です。

家庭重視という価値観がそれぞれ違ってきたのは事実です。上司の価値観だけで、厳然、毅然、確然とした師範行動でそれを止めようとしても、最終的にそれをどう受け止めるかは、部下が決めることです。そしてそれをどう判断するかは、職場の中で下されるのです。

私などは、家庭のマネジメントができない人は仕事のマネジメントもできないのではないかと思うのですが、もうその考え自体が古いのでしょうか。自ら率先垂範するように家庭のことを仕事より大事にする上司も増えていると聞くくらいですから……。

第3章

上司が変われば周りも変わる

1

問題発生の責任はすべて上司にあり

部下がミスを犯したのはそういう状況を上司が作ったからだ

ある研修会でのことです。この問題の責任はどこにあるかという設問でした。明らかに、部下Eさんのミスであり、それを指摘することを正解としていました。ところがです。

「これは明らかに、上司の全面的責任です。管理者の役割・役目の最たるものは、職場を健全に保つことではないのですか？　それなのに、部下がミスを犯す状況を作ってしまった。明らかに管理者である上司としてのミスであって、部下には何ら責任はないと思うのです」

「……」

他のメンバーは唖然としていました。ですが、この人の発言にも一理はあります。しかし、管理といっても、どこまで管理し切れるかという問題があります。まずは、自分のミスか、部下のミスか事実関係を明確にする必要があります。そのことに、問題解決の一歩があるのです。上司が全部の責任を負うとなると、重い十字架（人の原罪）を背負うイエスキリストのごとく職場をリードしていくことになります。もちろん、それを自分の管理スタイルとして確立し、周知させているのであれば、なんらケチの付けようもありません。理想論は理想論としておき、現実的な対処法は身に付けておかなければならないのです。

「この点は確かに部下のEさんのミス。だが、Eさんのミスを察知して、助言できなかったのは上司のミス。上司にも至らない点が多々ある」

このように、管理者としてどのような落ち度があったかを明らかにした上で、それを認め、責任を取ろうとする態度なら周囲も納得するでしょう。

職場の管理は上司の最大の任務です。とりわけ、部下掌握は第一の責務といってもいいでしょう。とはいえ、人のやることです。車の運転と同じように、2つの目（1人）より、4つの目（2人）のほうがより安全を保てます。上司と部下とが、同じ視点で仕事に臨む姿を理想としなければなりません。その姿が保たれている間は、双方にミスは生まれないはずです。

ミスが起きるのは、2つの目、すなわち、1人で仕事をしている、させてしまっているからです。

・人が違えば、やること、やり方がそれぞれまちまちになる
・ひとつのことを伝えても、伝わり方はまちまちだ
・上司に対する部下の捉え方もまちまちだ
・ミスを犯しても、その対応はまちまちだ
・したがって、職場で起こった事柄については、事柄毎、担当者毎のまちまちの対応

落ち度はすべて上にありです。しかし、落ち度の質を考慮した上で、上司としての管理、マネジメントのやり方をそれこそまちまちの形で進化、向上、発展させていくことが強く求められます。

上司であるならば、職場での出来事は、すべて管理者の責任であるというくらいの心構えでいて欲しいものです。そのためにも、部下との距離感には細心の注意を払っておくべきでしょう。

2

仕事の「ビタミン」を強化せよ

○……それでもダメなら上司はカンフル剤を投与する

企業にも、事業にも「ビタミン」が欠かせません。といっても栄養のビタミンとは違います。

ビ：Vision（ビジョン）…夢、目標、希望、展望
タ：大義名分（たいぎめいぶん）…理念、役割、倫理観
ミ：Mission（ミッション）…共通認識、使命
ン：円（えん）…稼ぎ（売上）、儲け（利益）

ただ仕事をしていれば何とかなるという考えでは、企業、事業の向上、発展は望めま

せん。ある就職希望者が、面接試験に臨んだ時こう質問したそうです。

「御社の10年先についてお聞きしたいのですが」

「キミ、混沌とするいまの情勢下で、10年先が読めたら、ウチもすでに大企業になっているよ」

「……」

その就職希望者がよその会社に就職したのは、もちろんのことです。いくら就職氷河期といえども、誰もこんな会社には入社したくないでしょう。夢がない、目標が明確化されず、共有化されていない状況の中で仕事をするほど無味乾燥なことはありません。

「いまは、町工場だが、10年先には二部いや一部上場する戦略で当社は動いている」

「具体的には？」

「現在、画期的な特殊な製品を開発中だ。いまのところは、企業秘密なのだが、実現したら、あなたの仕事の発展余地は数倍、いや数十倍に広がるでしょう」

こんなやり取りができるなら、誰もが就職したい企業になるでしょう。

ビジョン、夢、希望は、明るい未来への灯台の役割を果たします。灯台が曇っていては、どこをどう航海していいのか掴めなくなります。

「この仕事はいったい、誰のために必要なのでしょうか」

「ウチの仕事は、いわば虚業だな。後世に何も残らんよ」

こんなやり取りもいただけません。たとえ、虚業だとしても、虚業を支持する顧客の存在がある以上、虚業という企業・事業はありません。

「キミ、いつまでそんな雑務のコピー取りをやっている！」

「……」

この時点で、コピー取りや伝票整理、書類整理などは雑務となってしまいます。仕事に雑務などありません。雑務に化してしまうのは、その人の捉え方次第です。コピー取りは貴重な情報に触れられる機会。帳票整理も然り。整理しながら、営業数字の動きを読むことができるのですから。

仕事を何のためにするのか。その大義名分を明確に示し、共有化を図ることが望まれます。上司が、虚業だの、雑務だのと、やっている仕事を決め付けてしまえば、部下はそんなものかと、仕事を軽くあしらってしまいます。

部下の仕事に対する認識は、上司の口と手にかかっていると言っても過言ではありません。軽口は厳に慎まなければならないのです。

○……組織、チームがバラバラでは良い成果は上がらない

「ウチの課は損ですよ。だってC課のTさんと私は同期入社ですが、Tさんのほうが私より評価が1ランク上ですからね。どう考えたって、私のほうが仕事していますけどね」

「C課にはC課のやり方が、ウチの課にはウチの課のやり方がある。それになんだ。1ランクくらいの差でやる気をなくすなんて、キミらしくないよ」

評価のばらつきに対する不平不満を酒席で上司にぶつけている場面です。

上司としては、1ランクの差など長い職業人生でリカバリーは充分きくと考えてフォローしたつもりでも、部下にしてみれば、同期入社のJさんとの間で、1ランク自分が低いと評価されたことに全く納得がいかないのです。

「ウチは私の評価が厳しいからな。Jさんと比較しても、あなたのほうがはるかに上をいっている。ただ、ウチの課には凄腕がたくさんいる。それとの相対評価なのだから、Jさんをマークするより、ウチの課でトップに躍り出ることを考えて欲しいな。それがあなたの成長の目当てになるのだ」

こんな励ましの言葉のひとつも掛けられる上司の下なら、きっと明日からやる気は出

てくるというもの。

不平不満は、誰かに聞いてもらうだけで発散させられることが多くあります。上司はそれを上手に受け止めて、やる気に仕向けてください。ただ、評価のばらつきが部門（署）間に出てきてしまっているという事実は事実として認め、その是正に努力を払う必要があります。

○……共通認識、使命感欠如は組織を崩壊させる

ミッションは、目標・目的を同じレベルにできる環境、風土作りということです。それが確立されていないと、不平不満がいつしか、強力な抵抗勢力と化してしまいます。その結果として、制度、しくみ、果てには、組織・会社の崩壊へと繋がってしまうのです。

中国の清朝が崩壊を見る時の宰相であった曽国藩は、組織崩壊の兆しを次の3つで指摘しています。

・不信（上下、左右関係における）
・専行し独断で意見を取り入れない
・貴賊の逆転（どうでもいいことにウエイトを置く）

３つ共に、共通認識の欠如、使命感の欠如を語っています。上司、管理者は部下を共の旗印の下に置き、旗が常にパタパタとはためいている職場環境作りに努めなければならないのです。

稼ぐために経営資源を惜しみなく投入する

さらに４つ目を挙げるとしたら、やはり業績です。稼ぎがなければ名言も迷言として一笑に付されても仕方ありません。

「今期末まで、目標の１５０％達成が欲しいのだが、何か秘策はないか」

「秘策と言える代物ではないのですが、Ｋ社にトップセールスが可能であれば、百億は手堅いと読んでいるのですが」

「確か、Ｋ社の社長は、ウチの社長と学友だ。そうか、社長に出番をお願いするか」

上下間が共通認識に立っていれば、窮状も何とか克服できるものです。

稼ぐための方法、手段はクリアしないとなりませんが、稼ぎを増やすためには、使える経営資源は惜しみなく投入することが大切です。上を上手に使える人材は伸びます。なぜなら、使われ上手はゆくゆくは使い上手へと成長していくからです。上司であるあなたが社長でもない限り、あなたにも上司がいるはずです。その上司を上手く使えるようになりましょう。

ただ、ひたすら稼ぎ、儲けのために働くというのでは仕事の付加価値が下がってしまいます。そこは「ビタミン」の力を借りなければ、組織にとっても、個人にとっても、本当の「ビタミン」にはならないのです。

3 職場の「KISS」に努める

汚い職場は発想も貧困

どこの職場にも、たいてい「三大ムダ」がはびこっています。探す、待つ、やり直す、このムダを三大ムダといいます。

例えば、机の周囲が整理整頓されていないと、この三大ムダが異常発生します。あなたの職場にもムダの三冠王がいるのではないでしょうか。

「ツメが甘い仕事の進め方をしていると、必ずまたやり直すことになる」

「不必要な書類をまず片付けてから、作業に取り掛かりなさい」

「決められた時間は厳守しなさい」

これは、やり直し、探す、待つといった三大ムダを徹底的になくすべく、新任職場に臨んだある課長の言葉です。そして、この課長はもう一言付け加えました。

「私は、皆さんに嫌われようと、これが徹底されるまで、何度でも反復強調します」

反復強調してムダの排除を徹底させようというのです。同じ環境下に長くいると、それが常態と化します。新任の課長にとっては、不整理のだらしなさが耐えられなかったのでしょう。

「さあ火事だ、という時に持って逃げる書類以外は皆廃棄してください。極端ですが、とにかく、書類は捨てること。ものは、かつてあったところに必ず戻すこと。この2つを、ここ1カ月間は励行してください」

反復強調と、整理整頓のすすめの効果は絶大なものがありました。みるみる間に、職場が一変したのです。課員の仕事のスピードが増しました。

第三者的に見て、この凄腕の新任課長は、自分なりの管理スタイルを確立したリーダーと言えそうです。その証に、この新任課長は、あれよあれよという間に昇進し、その会社のトップまでのし上がってしまいました。

この課長は、仕事の進め方を心得ていたのです。ムダの排除、これしか生産性を高める方法は、この職場には残っていない。そこで、それを重点的管理項目としたのです。そして、「KISS」の原則を励行させました。

Keep it Simple & Short.
「それを簡単かつ簡潔に保て」
「K I S S」の原則

Simple is the best. という言葉がありますが、それに近いかもしれません。

「キミ、報告はまず結論を先にするものだよ」

「ええ、でもこの情報を伝えませんと、ダメになった理由がおわかりいただけないと思いまして」

「結論は、ダメだったのですね。じゃあ結構です」

「……」

ビジネス活動は、時間との勝負です。そのことを的確に部下にそれこそ反復強調させなければなりません。

「もっと、この表現は簡潔にならないかね」

「いえ、しっかりと読んでいただこうと考えまして、敢えてその表現にしたのですが」

「先方は忙しいのだから、じっくりと読んでもらえない。もっと簡潔にしたほうが親切

主な管理項目QCDS

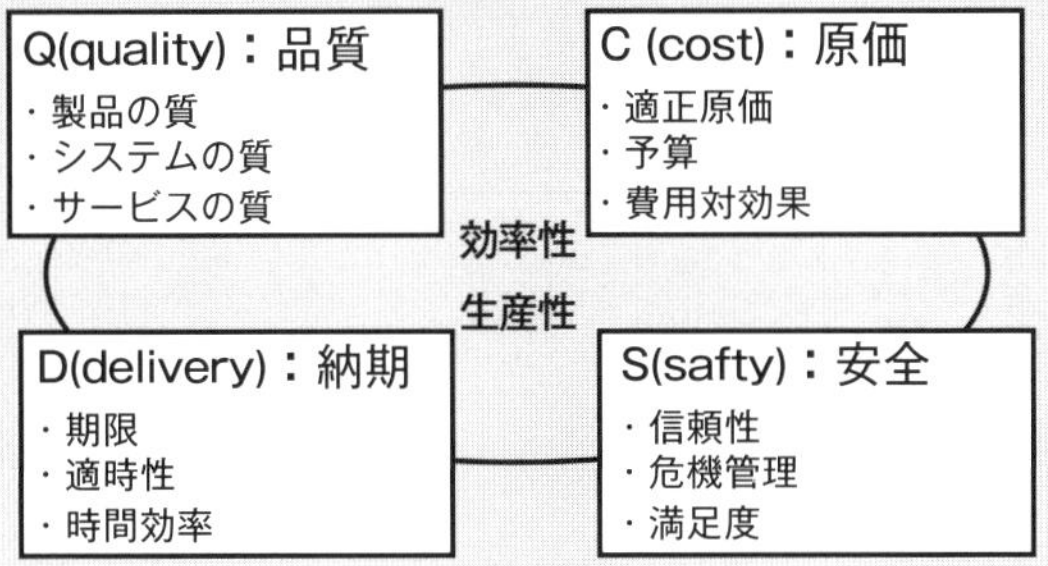

というものだ」

文章の表現も冗長であってはなりません。読ませる文はビジネスの世界には不要です。見てわかる文の組み立てにすべきです。その指導を上司は欠かしてはなりません。上司以外に教えてくれる機会を部下は持たないのですから。簡単、簡潔、つまりシンプルなことこそが一番です。

「ＫＩＳＳ」の原則は、このことを表しています。「ＫＩＳＳを励行しよう」こんな標語が掲示板で見られるような職場もいいのではないでしょうか。

本来「ＫＩＳＳ」は愛情表現であり親しみの表現です。そんな「ＫＩＳＳ」を慣行する職場作りを志向してはいかがでしょうか。

4 人の価値観は相対的

○……私の主義には口出ししないでくださいと言った彼だが……

その課長は、ちょっと変わった部下にずっと頭を悩ませていました。

彼は、仕事的には言われたことはきちんとこなします。勤務態度も真面目で、出退勤も模範的です。ですが、会議では一切発言をしないのです。なのに、アフターファイブではメンバーを仕切ります。職場では提案といったものには全く参加しないのに……。

困った課長は、彼を呼び付けました。

「あなたは、よく仕事をしてくれるが、もう少し前向きになれないのかな。提案はしないし、会議では発言をしない。なのに、飲み屋では皆をリードしているじゃないか。そのリーダーシップを仕事の現場でも発揮しないと、組織の中では損をするよ」

「ええ、わかっています。でも、私には私の価値観があります。仕事で不備、不具合がありましたら、遠慮なく指摘してください。でも、提案や発言の件は、私の主義ですので」
人にはそれぞれ固有の価値観があっていいのです。それは認めるものの、組織の一員として、このままでは彼にとっていいことはありません。そのことを課長は危惧していたのです。

確かに、人にはそれぞれ価値観があります。次の小咄は端的にそのことを示しています。「5人のユダヤ人」という話です。人生で最も価値のあるものはという問いに、5人は、次のように答えました。

モーゼ「頭だよ（理性だよ）」
キリスト「胸だよ（心、愛だよ）」
マルクス「腹（胃袋）だよ（食物、物質だよ）」
フロイト「腹の下だよ（性だよ）」
アインシュタイン「そんなのないさ（すべては相対的なんだよ）」

アインシュタインの「すべては相対的」というのが、この小咄のオチなのです。

人はそれぞれに最も大事にするものが異なっています。それを何かひとつに絞って強要するから人間関係の形成は難しいものになるのです。

「そうか、あなたは、仕事は単に生活の糧を得る手段として捉えているのだね。いわば『生きる道具』としての仕事と考えている。そして、仕事以外の事柄はあなたの人生そのものなんだ。すなわち、『暮らし』はそれらの中にあるというのだね」

「いえ、そんな大それたものではないのですが、とにかく、職場の中であくせくと嫌なことをしてまで、組織に媚びる必要はないと考えているのです」

「あなたの考えは、尊重しましょう。ただし、私が認めるだけです。職場全体から何かの問題提起をされたら、その時点でまたじっくり話し合いましょう」

組織に縛られず、とらわれず、そんな価値観をベースに仕事に取り組むのも悪くありません。ただし、職場仲間から反論があがれば、その時は前向きに対処しなければなりません。そうなったら、上司として責任を持って、また話し合おうと伝えています。

その後、この人は、メンバーからの要請で、あるプロジェクトチームのリーダーになったそうです。リーダーとしての立場、役割は人を変えます。時が解決してくれることも結構多いものです。

個と集団の整合性を図ることが最も個を活かす道となります。上司はそのことを心得ておくといいでしょう。

また、価値観は人それぞれ違うものですから、上司は部下の価値観に合わせてリーダーシップを変えるくらいの器用さも必要です。

5 ミーティングで発言を促す

○司会者の進行力と機転そして心のゆとりが鍵

会議やミーティングに出ても、ほとんど意見を出さないという人が時々います。司会者が意見の催促をしても、一向に発言しようとしない……。

最近は、会議やミーティングでの生産性が問題とされるようになってきました。管理者になると、就業時間の4~5割は会議やミーティングで費やされているとも言われています。報酬の半分は会議・ミーティングで得られていることになるわけです。なのに、その生産性がお粗末なのです。

会議・ミーティングの成功の鍵を握っているのは、司会進行役、いわゆるその場におけるリーダーです。リーダーが役割、責任をまっとうすれば、生産性は倍増します。もちろん、リーダー以外の参加者それぞれの意識の高揚も欠かせません。

ここで、職場の中で、効率化や生産性の追求が遅れている分野を挙げてみましょう。それは、ビジネスコースから外れているものです。

・会議、ミーティング
・研修やセミナーへの参加者の人選
・人材評価のシステム
・能力開発のテーマ
・自己啓発のシステム化

これらは、直接的には「儲け」に関わらないことから、企業風土に準じた展開をされ、模範・教科書となるパターンが存在しません。

したがって、この分野を上手に回している企業は必ず伸びると言ってもいいでしょう。中でも、会議・ミーティングは最たるものです。効率性や生産性が低いということで、就業時間内での開催を禁止し、就業時間外にしか許さないという企業も存在します。このような企業は実際に伸びていますが、就業時間外の会議を無理強いすれば、そのツケは何らかの形で支払わなければならなくなってしまいます。

しかし、どの企業も会議・ミーティングの進め方にはテコ入れをして、その効率性、生産性を高める努力をしたほうが良いのではないでしょうか。

例えば、会議のリーダーは、会の開催前にあらかじめマスタープランを作成しておく。そのプランに則って、会の運営をする。それと合わせて、参加メンバーの意識付けにも配慮します。限られた時間内に期待された成果を上げるために、個々のメンバーが何をしなければならないか、何ができるかをあらかじめ検討した上で参加してもらうように促すのです。

そして、次の言葉の意味をよく踏まえて、会議・ミーティングを展開するといいでしょう。

会して議せず
議して決せず
決して行なわれず
このような会議をしてはならない（土光敏夫氏）

「何か意見のある方は？」

意見を出しにくいテーマで意見を求めても、かえって雰囲気を沈ませるだけです。そういう時は、口頭ではなく、カードを活用するのもひとつの手です。匿名でランダムに記述するのであれば、口頭での表現力の乏しい人でも、結構意見を記述してくれるものです。

「この意見に関して、Bさんの意見は？」

時には、発言したくてもしない人に方向を向けてみる。

「いつも発言力が旺盛なTさんには、今日は第三者的な立場でいろいろな発言を評価していただいてもよろしいでしょうか」

一方的に押しまくってくる人には、機先を制す。そして時には、場の雰囲気を和らげるために、ジョークを言ってみるのもいいでしょう。

「この辺で、議論を促進させる飲物を取りましょう。さて、それは何でしょう。グループでやっているから、ほら、グレープジュースなんてどうでしょう」

「やあ、少々疲れが出ましたね。疲れはご自宅でゆっくりとってください。ご自宅での最適な飲物は？ そう、自宅はオレんち。オレンジジュースです」

どれだけ笑いを取れるかが仲間うちでの評価基準になっている、いまの若者にこんな話をしたら、反応に困ることは目に見えています。ですが、それでもあえて会議を和やかにし、参加者の発想力を引き出したいという姿勢を見せてもいいのではないでしょうか。どんな状況でも、心のゆとりや遊び心は欠かせませんし、時には上司がピエロを演じてでもそれらを作り出すことが必要です。

聞いてみて、発言させてみないことには、人の考えていることなどわかりません。会議を主催するリーダーや上司は、とにかく意見を言いやすい環境作りに徹するべきです。会議への参画は、上手くいけば目的志向を強め、目標の共有化を確実にしてくれる場になります。

会議運営におけるリーダーのチェックリスト

- □ ミーティングの主旨、運営の仕方を会議のはじめにメンバーに説明する
- □ 検討時間の配分は適切にする
- □ リーダーは自分の考え、意見について明確な根拠・理由を示し、わかりやすく説明する
- □ リーダーの意見に対する反対意見は公平に扱い、そのメンバーの意見をよく聞き、その論拠を明確にする
- □ 反対意見に対して、明確な根拠、理由を示して、自らの意見、考えの妥協性を証明する努力する
- □ 自分の意見、考えに欠落部分があればそれに気付き、メンバーの意見、考えを取り入れて、それを補おうとする
- □ 優れた意見に対しては、それを認めるような発言をする
- □ 議論がダラダラしたら、タイミングよく適切な言葉を用いて断ち切る
- □ 本題からずれる発言には、適切な言葉（○○の件について言及しましょう等）を用いて話題を本題に戻す
- □ 本題に無関心なメンバーには、積極的に意見を述べるように呼び掛ける
- □ 発言をする時、メンバーの意見を聞く時、相手の目を見る
- □ メンバーの意見で必要なものはメモをする
- □ メンバーの意見を聞く時は、頷く、相づちを打つ、質問するなどを心掛ける
- □ 感情を上手くコントロールし、情熱的かつクールであること
- □ 結論はメンバー全員に確認する

6

ひたすら働かせて最高の上司と言われるには？

○……上司の掌の上で「遊ぶ秘訣」を身に付けさせる

「自分の仕事人生を振り返って見ると、私はひたすら、あの上司の掌で踊らされていたように思えてくる……」。こう過去の仕事体験を述懐する人に出会ったことがあります。その人は、ひたすら働く仕事人生でしたが、それが幸せだったと続けました。

私は、その人にそう言わせている上司の顔が見てみたいものだと思ったものです。きっと、強い信頼の絆があったからこそ、その人は一生懸命に仕事に掛けられる人生を送れたに違いないのでしょう。

自分の思うように部下を動かせたらという思いは、上司という立場にある人なら誰しも抱く願望でしょう。ですが部下は、そう簡単に自分が思うようには動いてくれないのが現実です。掌でもて遊ぶように部下を動かすことができるようになるには、相当の秘策があるのではないか……。

そんな私の気持ちを汲んでいただき、その上司に会っていただける機会を得ることができました。すると意外なことに、どこにでもいるような感じのごく普通の上司だったのです。しかし、話しているうちに、求めていた解答が見えてきました。

「そうですか、Tさんがそんなことをおっしゃっていましたか。Tさんは仕事のできる人でしてね。むしろ、私のほうがTさんに引っ張られ、引き回されたというのが正直なところです。任せて好きなようにやらせました。当然、バックアップは惜しみませんでしたが」

部下から見て、理想的な上司像とはどういうものでしょうか。それは主に次の通りです。

①自分と自分の仕事をよく理解してくれている
②仕事を任せてくれる。任せたら一切余計な口出しはしない。しかし、責任は取り、必要な時にはフォローしてくれる
③諸々の場面で信頼し合える関係形成を図ってくれる

このような上司のもとなら、しっかりとした人間関係の形成が可能になります。それをベースに積極的な仕事の展開が実現します。上司としては、何ら特別な働き掛けをしているわけではありません。いわば、部下のほうから意気に燃えて自助努力をしてくれるのです。

仕事とは、自分（本人）を成長させてくれるものであると同時に、人間関係の充実をもたらしてくれるものです。

掌で遊ばされて仕事人生を送ってきた人にとって、自助努力が原動力であったでしょうか。やはり、そこには有形・無形の上司からの指導や支援があったからではないでしょうか。

「上司の掌で遊ばされた仕事人生だった」と言うその人の表情には、上司への畏敬の念が消えることがありません。

仕事人生、いやその人の全人生において、そのような上司と巡り会えたことは宝になっているに違いありません。当時は、ひたすら働かされたという思いが強い仕事のやり方だったかもしれませんが、振り返って見ると、最も充実した時間だったのでしょう。

さあ、明日と言わず、いまのいまから、部下をひたすら働かせる関係作りに取り組んでください。

まずは先の3つの条件の励行から。

上司は部下のデザイナーであり、プロデューサーと言っても過言ではありません。と同時に、部下の最大の観客でなければなりません。

7 暇なヤツからは余裕を奪え

○……… 暇な部下ほどつまらない仕事をするものだ

ある大手企業の役員が言った次の言葉を、あなたはどう受け止めますか。

「ウチの大半の社員は、就業時間の2割で与えられた仕事の8割方をこなしている」

有能で優秀な人材と受け取れるのか、はたまた、姑息で要領のいい、表面的には忙しそうにしているが、まだまだしぼり取れると受け取るべきか……。多分、後者の意を込めてのせりふと解釈したほうが良いのだと思われます。となれば、余裕を奪う算段に出てみるべきです。

「仕事量の割には員数不足。人手を増やして欲しい」とぼやく社員がいたら、

「そんな声、まともに聞いていられるか」

と、先の役員はうそぶくでしょう。

労使の関係はまさしくこのやり取りに象徴されます。だから、使用者側に立つ上司は、部下の余裕を奪う必要があります。残り8割の時間で32割り増しの仕事をさせていかなければ、上司としての管理能力が問われることになります。それを可能にするためには、次のような言葉を頭に入れておいてください。

「小人閑居して不善をなす」――暇だと、普通の人はろくなこと（時間の浪費、成果物の品質低下）しかしないということです。だから、部下には暇を与えず、余裕のある仕事展開は避けさせたいものです。

上司としては、それを表面的にごまかせる裏技、いわゆるモチベーション向上（動機付け）の技術を駆使していくことが必要となります。

仕事は忙しい人に頼めと言われますが、仕事は仕事を呼ぶもので、仕事に忙しい人には次から次へと仕事が付いて回ります。また、忙しく仕事をこなしている人は、時間の浪費、成果物の品質低下に極めて神経質で、常に効果（重点指向、要領）、効率（対時間、費用効果）を念頭に置いて活動展開を図っています。

好きな人のところに仕事と金は集まる――仕事が好きな人は仕事の回し方が上手いものです。金の好きな人はその運用に長けています。当たり前のことを当たり前にやっていればこそ、暇を作れない仕事展開ができるのです。

「時には堕落のすすめ」とも言われます。仕事のストレスを上手く発散させるために、時には大いに気を抜いてみてはということですが、中途半端な堕落ほど怖いものはありません。堕落を図るなら徹底的に。したがって、仕事のできる人は、間違っても堕落のすすめを実践しないほうが良いでしょう。空中を飛んでいるハエは、数秒羽を休めるだけで、また試行錯誤の空中飛遊を始めます。仕事のほんの合間で、これもまた効果・効率を考えたストレス発散方法を採る。これが、仕事のできる人、仕事人間の最適なストレス発散方法です。

余裕。これは精神・肉体ともどもを弛緩させ、仕事のペースを大きく崩すことになります。緊張の連続では、精神・肉体の限界を見るかもしれません。仕事の延長線上で、ほんの少しの合間で、ストレス発散を図る方法を見付けておいたほうがいいでしょう。

人は忙しいと要領を考えるものです。これが自己の能力を上げる結果にも繋がります。ぜひ、部下を忙しくしてあげてください。同時に、ストレス発散方法についても指南することができれば上司としては上出来です。

8

納期は血尿を流してでも守らせよ

仕事はケツ（納期）から始まる

「納期は血尿を流してでも守らせよ……」いま時分、こんなことを言っては「ブラック企業」呼ばわりされるかもしれません。ですが、その納期設定がムリなものでない限り、納期を守って一人前の社会人、プロと言えるのではないでしょうか。

ブラック企業、ブラック上司呼ばわりされるのが怖くて、ここまで強く言えない上司も昨今も少なくないことでしょう。けれど、ならば上司であるあなたが替わってでも納期は守るべき社会人としての約束です。

173ページで管理項目のＱＣＤＳについて図で示しましたが、特にその中のデリバリーに関しては、どんなに無理をしてでも死守しなければなりません。なぜなら、物事は基本的には納期や期限（俗に言う尻）を定めたプログラムで組み立てられているからです。

納期や期限は、ケツから逆算して仕事に取り組まない限り、守りきるのは難しいものです。ケツから逆算することで、ムダなことや、やらなくても良いことを省き、納期・期限までに最小限やるべきことがプログラム化できます。すなわち、仕事を展開していく上でのプライオリティ（仕事の優先付け）が可能になるのです。

ケツからの逆算をしないと、ああでもない、こうでもないと余計なプロセスが増え、結局はそのツケに追いまくられ、効率ダウン・生産性の低下を招くことになります。

物事はすべてケツ、すなわち納期・期限を基準にして、スタートとゴールを事前に把握しなければなりません。スタートから始めたのでは、向こうのゴールはかすんでいます。スタートの時点でゴールを明確にし、それに至るプロセスをパートごとに描きます。

例えば、午後6時に食事をしたいとします。これがケツ（期限）です。ゴールでもあり、スタートラインでもあるわけです。食材を購入し、料理し、食卓に着く。いまの時間は午後4時なので、2時間のプロセスを描く。それができる人は、ツケが少なくて済むのです。敢えて少ないと表現したのは、どんなに綿密なプロセスを描いても、予期せぬことは起こり得ます。ですが、ケツが決まっているのだから、そのプロセスを効率的、重点的に組めば良いのです。

料理はすき焼き。ところが割り下醤油を売っている店がわからない。では、醤油と酒、砂糖、みりんとで自前で作ろうといった段取りがつきます。ですがケツから逆算しないで取り組み始めると、買い物に出ても余計な売り場まで足を伸ばしてしまう、割り下醤油の店が見つからないといって、時間を浪費する、早1時間を費やしてしまいます。肉やネギを買い込んでいる間に、午後6時を迎えてしまって……。ツケばかりで、結局午後6時に食事など絶対にあり付けなくなるのです。

ケツを明確にすることで、仕事に流れができます。やるべきことと、やらなくて良いことが、時間という物差しの中で分類され、段取られます。効率的に動き、生産性の上がる仕事展開ができるようになります。余計なツケを払って、時間を浪費しないで済むのです。

「仕事はケツからだ」

「ケツからということは?」

「そう、『帳尻』というくらいで、ケツをきちんと押さえないと、冗長な仕事になるんだ」

「はい、わかりました」

上司は、常にケツを合わせた仕事展開をさせなければなりません。

9 ムリを気分良く許容させる

あなた無しで我が社無し

「ウチの会社はどうなっているの。これじゃあ、身体がいくつあっても足りないよ」
「とにかく員数が足りないよ。ひとりでもいいから増員して欲しい」

こんな悲鳴が聞かれる会社は安泰です。間違っても、ウチの職場は遊び人が多いといったぼやきが聞かれるようなら、その会社は危ないと踏んだほうがいいでしょう。

江戸時代の徳川幕府の政策ではないですが、六公四民とか五公五民といった税制は的を射ています。だから、徳川時代は三百年の泰世の夢が見れたと思うのです。泰世の夢を現在でも見たければ、部下をひたすら働かせるに限ります。これもリーダーシップのひとつだと心得たいものです。

ところが、部下は極力さぼりたがるのもまた事実です。手抜きができるところは手を抜こうとします。そうはさせじと上司は頑張る……、結局イタチごっこです。

では、どうしたら良いのでしょうか。先の例なら、上司としては、なぜ人員増が不可能なのかを、理路整然と建前を貫く語り掛けをしなければならなりません。

もし部下が増員することで、これだけの利益が上がると、データをもとに詰め寄って来た場合は、

「では、あなたと私との共同責任において、1人か2人の増員を試みたところで、成果は絶対にキミの示す通りにいくのか？　場合によっては、共々にクビを覚悟だぞ」

と言ってみてもいいのではないでしょうか。

上下関係は、言い換えれば貸借主義でもあります。一方的な責任のなすり合いは避けたいところです。常に運命共同体なのです。この心根が、上下関係の信頼のツボだと心得てください。「あなた無しで我無し」の思想こそが両者の絆を強めます。ムリを許容させるコツは、ここにあるのです。ムリだというのなら、そのムリの打開の策、方法を持ってきなさいという、一種の脅しの作用がそこに働いているのです。

とにかく一旦は、ムリだという叫び声を上司は受け止めることも大切です。

10

賢い服従を強要する

美しい誤解を解き思惑の溝を埋めよ

「この会社は上が上なら、下も下だよな（あるいは、下も下なら、上も上だ）」と、上司とその部下を見ながら、第三者が会社を評することがあります。

また、「理想の上司」、「理想の部下」という言葉がよく使われます。しかし、自分では良い上司だと思っていても、部下からは全く逆に評されていたり、あるいは、頼りにされている部下だと思っていても、上司の評価はまだまだだということもあるのです。

このように評価には、自分が自分を評価する「自己評価」と、第三者によって評価される「他者評価」とがあります。

自己評価と他者評価には、次の2つが大きく作用します。

・美しい誤解

・思惑の溝

人はたいてい、20～30％のインフレ（高め）でもって自己評価をするということは再三述べてきました。能力、容姿、さらには鼻の高さまでも高めに評価しがちなのです。これは、自己評価に際しての「美しい誤解」と称されます。

もうひとつは、上司と部下との期待・役割について、上司は「もう少し期待に応えてくれると思ったのに」と思っていても、部下は「これで充分に期待に応えている」と思っていたりするものです。このギャップを「思惑の溝」と呼びます。

これらの2つが絡み、上下間では少なからず葛藤を強めることになるのです。

「キミの力量からしたら、その件は楽勝だと思っていたが」

「はい、私にも自信はあったのですが、何せ、先方はトップセールスマンが乗り込んできたものですから」

自分ならできる、あなたの力量ならできるはず。「美しい誤解」と「思惑の溝」が、見事に二人三脚してしまったケースです。自己過信と過大評価、これら2つが元凶のもととなったのです。

「あなたの力量を疑っているわけではないが、先方の戦略はいつも手堅い。ここは、ひとつ、ウチのボスを担ぎ出すか」

「そうですね。念には念を入れよですね。では、課長、K役員とご同行願います」

先の2人のやり取りが、このようであれば、先方のトップセールスマンに条件を持っていかれることはなかったでしょう。

相互関係は、上司と部下の弱点補完がし合えてはじめて深まります。いいとこ取りでは、相互の信頼は深まりません。念には念を入れた「思惑の溝」埋めが必要だし、力は正当に評価するが、敵の力量との差し引きにおいて、20～30％のインフレを取り去る必要があります。

「美しい誤解」の部分の誤解を解くことで、「美しい結果（成果）」を導き出すことができるのです。

賢くよくできる部下であればあるほど、「美しい誤解」が強く、「思惑の溝」が深いものです。誤解を解き、溝を埋めるには、部下に賢い服従をさせるしかありません。そう仕向けていくことが、できる上司のマネジメント力なのです。

もしも、部下が、美しい誤解も思惑の溝もなかったらどうするか。

「キミ、あの件だが、ウチのぼんくらな役員の力を借りるまでもない。キミひとりの力でやれるよな」

「待ってください。先方はトップセールスでの攻勢を掛けているのですよ。是非、役員にお願いしてくださいよ」

上司は部下に利口な不服従を持ち掛けています。部下は、美しい誤解も思惑の溝もないものだから、上司の言い分に不服従を申し立てたのです。上司の仕事とは、部下を見て、賢い服従を求めたり、利口な不服従を求めたりと、臨機応変にその投げ駒を変えることです。

上下関係がどのような関係形成下にあるのか。それを常に分析・検討して、部下には服従・不服従を適宜求めていかなければなりません。

たまには部下の背信を喜ぶ懐の深さも必要です。ただしその際は、確実に地に足が着いていることをしっかり確認してください。

11 イエスマンとノーマンを使い分けよ

高品質の成果を上げるには部下を上手く使い分けることだ

体の具合が悪くなったら、必ず内科と外科の両方の医者に診てもらえと言われます。内科は、身体をそのままの状態で治療を図りますが、外科は患部を削除して治そうとします。病気に対する対処療法が異なるのです。

この話から、人に相談する時は、必ず「いいですね」と、賛成してくれる人と、「いや、それはやめたほうがいい」と、反対してくれる人との双方に意見を求めて、それらを参考にした上で、自らで判断を下したほうが良さそうです。

必ず「はい」と意思表示をしてくれるのが「イエスマン」で、「否」と言うのが「ノーマン」ということになりますが、イエスマンは肯定する理由・意見を述べてくれるし、ノーマンは否定の理由・意見を述べてくれる。

物事は常に2つの側面から詰めていったほうが、仕事の成功確率は高くなります。これを裏付けたのが、江戸時代の兵法学者山鹿素行の一向二裏の策です。その説を実践したのが、江戸時代では忠臣蔵の大石内蔵助でした。

大石内蔵助は、表面的には江戸幕府に恭順の意を示し、浅野家再興を願い出ていました。一方では、堺の商人と結託して、武器を調達し、吉良邸討ち入りの準備を進めてもいたのです。

表と裏、イエスとノー。上司という立場にある者は、両者を巧妙に操り、目的達成を図るリーダーシップを発揮させていくことが求められます。その際、両者の情報を上手くぶつけ合うと、より大きな効果が期待できます。

「Xさんは、この企画案ならどんな会社でも同意すると言うのだね」(イエスマン)

「Yさんは、その企画案にはどこの会社も乗ってこないと言うのだね」(ノーマン)

「Xさんは、この企画案には、A社は必ず同意すると明言しているのだが、Yさん、キミはどう思う」

「A社ですか、あそこは条件的には厳しいですよ。でもウチとの付き合いが古いから、もし、社長が直談判でもしてくれたら、OKが出るかもしれませんね」

このように、イエスマン、ノーマン、それぞれのもつ意見・情報をぶつけさせてみると、一方にあって他方にない情報により、物事の捉え方に変化をもたらすことができるようになります。

上司は常に高品質な意思決定に努めなければなりません。そのためには、あらゆる側からの分析・検討が必要となります。しかし、納期など、制約条件が伴う場合は、その枠内で意思決定をする必要があります。となれば、極端に分かれる情報をぶつけ合う。そして、弱点を補完し合うことで、より効果的な情報による意思決定が可能になるのです。

最大の情報源は人です。身近にいる人を有効に使う。そのことが、情報の付加価値を高め、しいては高品質な意思決定を可能とするのです。

12

効く！　指示の出し方

やりにくい部下ほど上手く使いこなす

職場で、上下間の力量差が明確であると、人間関係や仕事の遂行上で、やりにくさが出るものです。それが顕著に出るのは、204ページの図のような関係であることが多くあります。

ただ、ここで、「できる」「できない」の評価には、インフレ（自分を高く）とデフレ（自分を控えめに）の差も影響します。やはり、一番好ましいのは、「誰が見てもそうだ」といった公平な評価です。

ここで、あなた自身を振り返って、職場における部下との関係をシミュレートしてみてください。部下は、「できる部下」「普通の部下」「できない部下」の3種類についてそれぞれ対応方法を考えていきましょう。

職場によくある困った関係

【困った関係その１】
できる上司×できない部下

症　状：ストレス増大関係
対処法：客観的能力を評価し指示をこまめにする

●上司は、部下のことを機転がきかなくて「思惑の溝」の深さを嘆いている。

●部下は、上司のことを能力は高いが人使いが下手だと思っている。

【困った関係その２】
できない上司×できる部下

症　状：不信増大関係
対処法：与えた仕事は全面的に任せ、しかも上司の補佐機能を部下に発揮させる

●上司は、自分はできると「美しい誤解」をしている。

●部下は、あの人の下では働きにくいと思っている。

まずは、あなたは、「できる上司」だとしましょう。

「あなたには多少無理を承知でやってもらうよ」……できる部下への指示

「あなたには、多少努力を要すると思われるが、これはちょうどいい機会だ。挑戦してみてくれ」……普通の部下への指示

「わからないことがあったら、Tさんに相談しなさい。ただし、これは問題だと思われたら、早めに私に報告をしなさい」……できない部下への指示

同じ仕事の指示でも、部下の能力を捉えて内容を変える必要があります。

上司は、このようなことが臨機応変にできなければなりません。個別対応は、部下を伸ばし、指導していくための鉄則です。部下がどれくらいできるかを掴み、的確な指示を与える。その際、リスク管理も抜け目なくしなければなりません。その上で、遂行上のフォローを怠らないことです。

あなたができる上司ならいいですが、自分はできない上司だと勇気を持って評価した場合はどうしたら良いでしょうか。

「あなたに任せておけば安心だよ。頼むよ」……できる部下への指示

「力が要るようなら私のところに申し出てくれ。できるだけ取り計らってみるよ。とにかく、この線で進めてみてくれ」……普通の部下への指示

「やれる範囲で取り組んでみてくれ。まずは、ここからここまでやったら見せてくれ」……できない部下への指示

以上は、自分のできない部分を部下と共に補完し合う関係形成を目指すスタイルです。力不足は補完し合うことで、シナジー（相乗）効果が期待できます。できない上司は、そこに視点を向けたマネジメントを指向してください。そのことで、相互の信頼関係がさらに強くなり、仕事の生産性や効率性も向上します。

シナジー効果は単純に出るものではありません。そう考えると、あなた自身は「できない上司」として自己評価しておくのも悪いことではないでしょう。

13

人の話中に眠る部下を話を聞く達人にする

やっかいな部下には機先を制する

会議や研修、講演の最中に、平気で居眠りをする人がいます。そういう人には、どう注意し、意欲的に参画させるようにしたらいいのでしょうか。

眠る側は、眠くなるような話をするからだとうそぶくでしょう。一理はあるかもしれません。また、どうしても眠くなる時間帯というのがあります。よく言われるのは、昼食後の午後1時から2時の間。この時間帯は、立っていても瞼が下がってくるものです。「睡魔の時間帯」です。だから、この時間帯だけは開催を避けたいものですが、そうもいきません。ならば、一方通行の「話だけ」というのは極力避けて、話し合いにする工夫が必要です。

「あっ、そこで頷いてくれたあなた、あなたはこの件をどう考えていますか」

「……」

　ガクッときた瞬間に目敏く指摘する。こんな形で、話し手と聞き手とが双方向のパターンを形成しつつ、話を続ければいいのです。ただし、居眠りをする人からは、ろくな意見は期待できませんが……。

　では、次の話はどうでしょう。

「やあ、みなさん。いつもご苦労様。あなた方のお陰で、今期もウチの部は、目標を大きく上回ることができました。しかし、これで良しというわけにはいきません。ライバルのH社はウチを遥かに凌いだ成績を上げているのです。そこで、私から2～3提案をしたいのですが……、疲れている人は、眠りながら聞いてもいい」

「グー」（すべての部下が眠りにつく）

　部の課長、係長も含めた、数十人を集めての会議の光景です。大変に素直な部下を持ったものだということとなります。また、部下にとっては理解のある、懐の深い上司となるのでしょうか。

　しかし、これでは拙いです。もっと上手な進め方があります。

「やあ、みなさん。いつもご苦労様。お陰で大幅に目標達成だ。だが、これで安心というわけにはいかない。そこで、私から、2~3の提案をさせて欲しい。その前に、疲れている人が多いことは知っている。私も疲れているひとりだが、いま、こうしてみなさんの前で立って話をしている。そんな人がいるのに平然と眠るというのはどうか。そこで、私の話を聞くに当たって、起きているふりをして、眠っていただいても良い。どうすれば良いか。

・まず、ノートを開いてメモを取る姿勢を取る
・次に、コックリ、コックリする

この2つを励行しながら眠ってくれ。そうすると、私のほうからは、ああ、あの人はきちんと大事なことをメモに取ってくれている。しかも、私の言うことを肯定的に頷いてくれて認めてくれているということになり、私とみなさんとの人間関係にひびが入らないで済む。よろしく。では、始めよう」

こんな形でスタートすれば、たぶん、部下は一睡もできないものと思われます。

この上司は、2つの約束を部下との間にしています。

ひとつは、メモを取ること。メモは備忘録だけのものではありません。忘れるといけないのでメモを残すという視点は、自分だけの領域の捉え方です。

メモには相手への思い入れがあります。あなたが話されたことは、確かに記録にして残しますよ、あなたの発言を重要だと認めますよ、という相手の自尊心（プライド）を高揚させることができるのです。

できる上司は、このメモを上手に活用しています。部下が何か言いに来たら、必ずメモを取る姿勢を取ること。身体全体で聞きましょうという形で迎えるのも、部下操作術です。

また、頷くという行為は、傾聴の技術を活用しています。頷き、しかもメモを取る。これこそ人の話を聞く、最高のスタイルです。それを、居眠りしながらできる人は、まさに人の話を聞く達人といって良いでしょう。

部下が眠ってしまうような話しかできないのは、上司としていかがなものか……自分の話術やトークのネタの内容についても自らを振り返ってみていただきたいものです。

14 心余りて言葉足らず

言われぬは枯れ花。言ってメモれば大輪の花咲く

言葉は人の口より発せられます。まさに生き物です。その言葉には表情がある。そして、言葉は正直です。

結婚したい女性がいるなら、どんなに思い続けていても、それだけでは伝わりません。

「あなたを愛しています。僕の全人生を掛けてあなたを守ります。結婚してください」

こんなふうに、プロポーズするのみです。言葉は心を表し、感情を相手に伝えます。言葉はその意味だけでなく、意思も伝えるのです。次ページの図はそのことを示しています。

いくら思っていても、それが表現されなければ、何ら目的は達成されません。

「あなたには、もうちょっと頑張って欲しかったのだが」

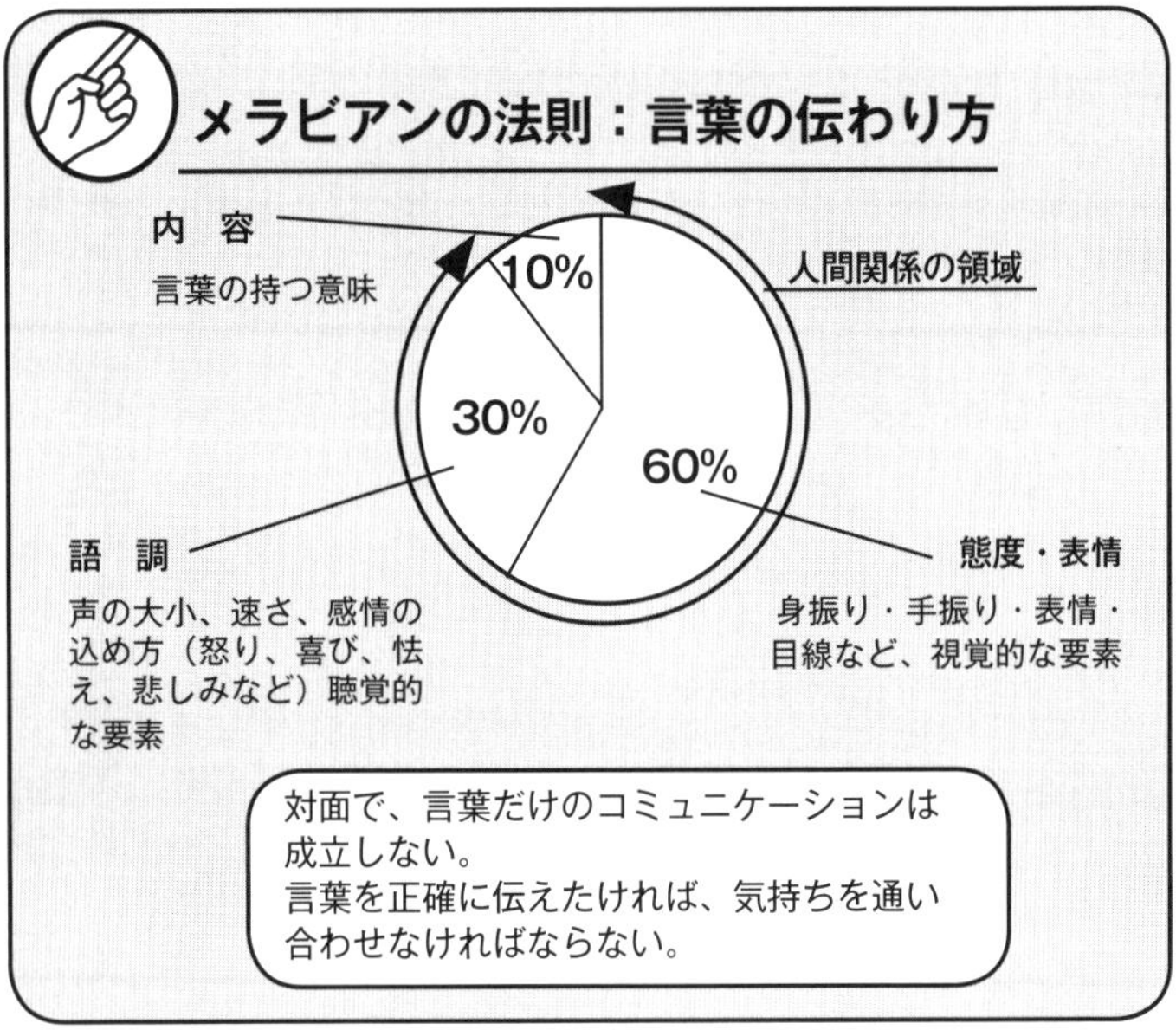
メラビアンの法則：言葉の伝わり方
内　容
言葉の持つ意味
10%
人間関係の領域
30%
60%
語　調
声の大小、速さ、感情の込め方（怒り、喜び、怯え、悲しみなど）聴覚的な要素
態度・表情
身振り・手振り・表情・目線など、視覚的な要素
対面で、言葉だけのコミュニケーションは成立しない。
言葉を正確に伝えたければ、気持ちを通い合わせなければならない。

「ええ、私なりに頑張ったつもりでしたが」

「あの時にそのことをしっかりと伝えておけばよかった。すでに時遅しの感だ」

〝あの時〟、上司は、部下は充分にやってくれるだろうと考えたのでしょう。しかし、そういう気持ちはあっても、言葉に表わしませんでした。そして、部下は成果を出すことができなかったのです。これは心残りです。こんな心残りとなるのを避ける方法はひとつ。思ったことは言葉で表現することです。

「道を示した人は多かったが、あなたは自ら、その道を歩いた」――イプセン「ブラント」の一節です。

思っているだけではただの夢に過ぎません。形にしてこそ、思いが叶うというものです。ですが、多くの場合、思いが先行してしまい、その表現がなかなか追いついていきません。追っていかせるための唯一の方法。それは、書いてみることです。記述は物事を体系化させます。書くことで行動への伝達ができるのです。

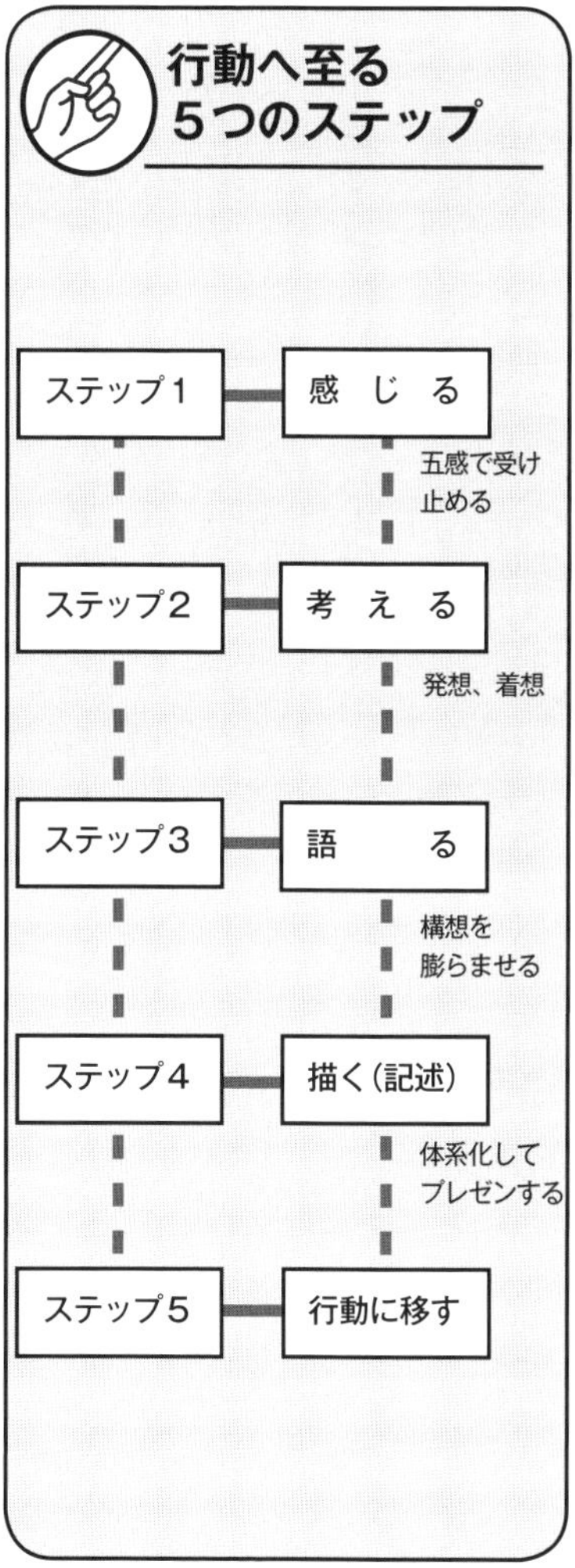

15 馴れ合い、タダを禁じる

甘えと驕りが自らを滅ぼす

生保・損保などの保険会社では、営業展開の上で、ひとつの掟があります。それは、最初から身内を攻めるな、身内へのお願いは最後の切り札にせよということです。

近江商人の生き様を扱った「てんびんの詩」という映画でも、似たようなことが語られていました。

――商家の長男に生まれた主人公は、上の学校への進学を断念して家業を継ぐことになります。その家業を継ぐに当たって、父親から出された最初の課題は、鍋の蓋を売ることでした。一枚でも蓋を売ることができたら、次のステップへと進めるという取り決めです。主人公は、鍋の蓋一枚くらいは簡単と考え、身内を真っ先に訪れました。ところが、すでに父親からすべての身内に通達が回っていて、無碍に追い返されてしまうのです。そこで、今度は取引先を標的にします。何かと便宜を払ってくれている取引先だから、頼めば何とかなるだろうと思ったのです。ところが、ここにも父親の手が回っていました。焦った主人公は、取引先に暴言を浴びせてしまうのです——。

商人道における、馴れ合い、タダの強要を戒めるために、主人公の父親はわざと先手を打ったのです。

馴れ合いやタダ同然の取引には、次のようなリスクが伴います。

・商売は五分と五分、ギブアンドテイクの関係維持が不可欠。貸し借りを作ると、このルールの維持が困難になる
・感情を伴う商売をしてしまうと、合理的な計算が難しい状況になる
・法外な利益は、商人道ではあってはならない。適正利潤の追求こそ商人道である。とすれば、義理人情に流されてはならない

馴れ合いやタダ同然の人間関係からは、正当な商取引は成立しません。したがって、基本的人間関係形成は、取り引きされるモノ・コトを通じて、常に対等な関係を前提としなければなりません。

「その件でしたら、身内に有力なコネがありますから、何とかなります」

「やあ、ありがとうと言いたいところだが、まだ期限が差し迫っているわけではないから、ビジネス道で堂々とやりこなす方法・手段を講じてくれ」

このように言えば、部下は、可能な選択肢に挑戦していきます。そうして、未知への挑戦を行なって、成長することができるのです。

上司は、身内、タダ同然の取引は、ビジネス道、商人道にとって、使ってはいけない方法・手段だと教えていかなければなりません。人には、余裕は不可欠ですが、安易さを手伝わせて余裕を求めようという心づもりは、是が非でも回避させなければなりません。安易を求めれば、怠惰な目標でよかれという、堕落感しか残らないのです。

貸し借り、売り買いは常に五分と五分ですし、安易さからは低品質な成果しか生まれないものです。

16

言った、聞いてないのトラブルは上司のせい？

○……コーチングできる上司が部下を伸ばす

口頭によるコミュニケーションは、証拠がないため、少なからず問題を残しやすいものです。

「ちゃんと伝えましたよ」

「いや、聞いていない」

これは、口頭によるコミュニケーションでよくあるトラブルです。

・正確に伝えていない責任……伝え方不足

・漏れなく聞いていない責任……傾聴不足

口頭でのコミュニケーションは、正確に伝え、漏れなく聞くといった、相互のやり取りが不足していると必ず問題を起こします。ちょっとした「言った」「聞いてない」が、とんでもない大きなトラブルを引き起こしたといった話は掃いて捨てるほどあるものです。

口頭によるコミュニケーションは、常に、双方向が望まれます。というのは、一方向のコミュニケーションでは、4分の1くらいしか意は伝わらないとされているからです。

したがって、残り4分の3は、双方向にしないと、正確に伝わりません。

また、伝わったかどうかの確認も欠かせません。それには必ず復唱することです。

・固有名詞

・数(値)

特にこの2つは必ず復唱することによって、確実にしておかなければなりません。

「明日、7時までにA商品を74個、P事業所に入れてください」

「はい、かしこまりました。ありがとうございます」

こんなやり取りを、口頭で済ませるものだから、品物の搬入ミスが生じることになるのです。

さて、上司は、このような部下をどのように指導するのがいいでしょうか。

「7時の『しちじ』はよくない。『いちじ』と間違われることもある。それに、午前か午後かもわからない。この場合、午前なら『午前ななじ』、午後なら『じゅうくじ』がいい。さらに、数字、数量は、必ず復唱すること。言い間違えや聞き間違えをしたとしても明らかになる。また、先方に対して、受けた人の氏名を控えておくためにも、名前を確認し、最後に必ず復唱すること」

このように適切に指導する上司であれば、部下は、安心と信頼の中で仕事ができるものです。

日常の細かな行動の指導は、上司対部下あるいは、上司対課（部）員というように、個人と集団との間で展開されます。基本的には面体面を取ることが多いでしょう。

このような形での指導スタイルを「コーチング」と呼びます。

コーチングは、問題となる局面を手取り足取り具体的に指導しつつ、より良い方向へ

導く働き掛けです。コーチングを行なう場合の留意点は次のページにまとめたので、ぜひ参考にしてみてください

言葉は形に残りません。形に残すためには、口にしたその場で「形」とする工夫が必要です。

かといって口頭によるコミュニケーションを全面的に否定しているわけではありません。口頭によるコミュニケーションによって、思いがけない発見や出会いがあることも事実です。ただ、一歩間違えば流言や感情的な問題に発展する危険性もあることをわきまえておきたいところです。

コーチングの技法

習う準備	□ 動機付けをする（認める、ほめる）
	□ 状況を把握させる（今ある状況を的確に押さえさせる）
	□ 全体を示す
実践させる	□ 計画を立てて伝える（冷静な調子で話す）
	□ 指示する（要点を押さえて指示する）
	□ 急所を示す（間違えやすいところを、的確に押さえさせる）
	□ 師範を示す（上司自身の生き方、考え方、言葉遣いが教科書になる）
	□ 質問する（間違えやすいところを質問してみる）
	□ やるべきことを伝える（やり方を端的に伝える）
	□ 問題に気付かせる（あるべき姿とのズレを捉えさせる）
さらなる向上・成長を促す	□ 提案する（相手の力量に合わせて提案する）
	□ 要望する（具体的に克服すべきことを伝える）
	□ 目標を示す（挑戦することの重要性を捉えさせる）
	□ 課題を出す（行動の指針を与える）
	□ 励ます（支援、協力の姿勢を強調する）

17 ほめたい時こそ、釘を刺せ

ほめられて成長する人、墓穴を掘る人

誰でも、お世辞でほめられても嬉しくありませんが、正当な評価でほめられたなら、とても嬉しいし素直に喜べるものです。だから、部下をほめる時には、具体的にほめて、その根拠を示すようにしてください。

「仕事ができるね」これは単なるお世辞。根拠もなく、感覚的でしかありません。「あなたの伝票処理は正確で迅速。すばらしいよ」これはほめ言葉。具体的にどういう面で評価できるかを示しています。

ほめるということは、部下の良い点を表現することです。部下は、それを自分の強みと解釈し、自己戦略の拠点として、さらに行動を広げることができるようになります。

ただし、意気の高揚には繋がりますが、墓穴を掘ってしまうこともあるので、注意が

必要です。

「勝って兜の緒を締めよ」という諺があります。自制できる人ならいいですが、有頂天になりやすい人や、自制心の弱い人には、上司が兜の緒を締めてやらなければなりません。

「よくやった。キミならと期待したが、さすがだ。ただ、道はこれからだ。まだ上り坂の2分というところだ。頂上までは8分もある。あなたの力と発想力での勝負だ」

部下をしっかりほめてやりたい時でも、心を鬼とする。実際には、8～9割は、ほぼ成功を収めた仕事でも、ここは兜の緒を締めてやらなければなりません。なにごとも、帰結を迎えて実結とします。かの徳川家康も同じような言葉を残しています。

「登り坂、もう2分と思わず、まだ2分あると思わしめよ」——手の届くところで手を休めると、ゴールが遠のいてしまうということの戒めです。

よくほめられる部下は、何事にも常勝パターンが多いものです。より大きなゴールを獲得させるためには、逐一小さなゴールの成功を手放しで受け止めさせてはいけません。

「これは、あなたの夢（ゴールとするところ）のほんの第一歩。まだまだ道は遠い」

この気構えの動機付けと、上司としての期待のレベルを明確に伝えてください。そのことで、上司と部下との相互関係はより緊張した形で堅持されていくのです。

ほめ方・叱り方チェック

ほめ方チェック

□ 部下のいいところ、長所を見付け出そうと意識しているか
□ いいところに気が付いたら、その場ですぐにほめているか
□ どこがいいのか具体的にほめているか
□ 事実を素直にほめているか
□ ほめたところがいかに有益かを述べているか
□ 肩を叩いたり、握手をしたりしてほめているか
□ ほめた後に、自分の気持ちを素直に述べているか
□ さらに頑張ろうと励ましているか
□ 人前でほめているか
□ 照れないでほめられるか

叱り方チェック

□ 部下の間違いやミスに気が付いたらすぐに注意しているか
□ 感情的にならず、冷静に叱っているか
□ 事実を確認しながら叱っているか
□ 間違いを具体的に指摘しているか
□ くどくどと説教せずに簡明に叱っているか
□ 相手をよく見て叱っているか
□ 人間性に触れず、言動面に限定して叱っているか
□ 叱った後、自分の気持ちを素直に述べているか
□ 叱ったらそれでおしまい、一件落着と思えるか
□ 部下に対する関心は強いか

ほめ方、叱り方共に8個以上チェックが付けば合格

やらせ上手とくさらせ上手のトーク例

やらせ上手	くさらせ上手
・キミがやらずに誰がやる。	・私の時と比べると、今の人は……。
・すべてを任せる。責任は私がとる。	・これは誰がやったんだ。やった人をここに呼んでこい。
・キミに任せておけば大丈夫だ。	・そんなこと聞いてない。
・この仕事は新分野の仕事だ。キミの力に期待するよ。	・いつまで、そんなことをやっているんだ。
・あの長島茂雄だって通算打撃3割、1回くらいの失敗なら神業だよ。	・他の仕事で忙しくてできなかったというのなら、もう会社に来るな。
・いいえ、それは私がきちんと指示をしていなかったからで（部下をかばう）。	・前にもあったな。どうなっているんだ。
・お客さんの注文もあるけど、ここはキミのやり方でいこう。	・これくらいはできないとおかしいだろう。
・かつてのキミの上司に、いい人に育ててくれてありがとうと伝えておいたよ。	・キミの仕事だから、この程度でいいか。
・部下が仕事を片付けて、机に戻ったら「ありがとう。お疲れさま」という上司からのメモ。	・キミはずっと充電の時間なんだ。
・キミにはいつもうちの課が助けられているよ。	・私の趣味に合わないね。

18

できすぎる部下は潰さないように叩け

○受け言葉に返し言葉で叩く

厳しい人、うるさい人はいずれも誰からも敬遠されますが、厳密に言えば、厳しいのとうるさいのとは違います。ただ、共に部下にストレスを与える存在というのでは共通しています。

概して、できる上司というのは、部下に対し、時には厳しく、時にはうるさく当たってしまうようです。ところが、その部下のほうができすぎるとなると、厳しさ、うるささがいっそう増します。

「こんな考え方が通用すると思っているのか」
「不可能を可能にするのがウチの部のやり方だ」
「その手のことなら、どこでもやっていることだ。キミのやり方は手ぬるいぞ」

「時間がないから即決をと言ったんだ。キミもここらで腹を括ってくれ」

できすぎる部下にも、厳しくうるさいところがあります。しかし、それが組織を生き抜く宿命と割り切って対処しないと、組織の維持・発展が果たせられなくなります。

では、うるさく厳しい、できすぎる部下と向き合う時はどうしたら良いでしょうか。

①則天去私

組織の歯車であることに徹し、自らの思想・主義を貫いて生きる。組織という生き物には、自ら動こうが部下の意で動こうが、方向は同じだという姿勢で臨む。やれる人、言う人がやれとばかりにけしかける。

②時に解決を任せる

しばらくは時間の経過を見守る。時期尚早だと判断したなら、時間を稼ぐ。機会損失の恐れがある場合は慎重にならざるを得ないが、焦って下手な行動に出ないことだ。時間が経てば環境も変化するが、できすぎる部下の出方にも変化が出るというもの。

次のようなことも、時には、仕事を進めていく上での基本的なことだと示していく。

三大慣行

・前例に習う
・過去のデータに順守
・横並び

三大原則

・遅れず
・休まず
・言われたこと以上は働かず

③力（能力）関係を逆手に利用する

こんな有能な部下がいるからこそ、上司（自分）の立場が安泰しているのだと、部下の能力を公正に評価した上で、組織の中での生き方を示していかなければならない。

先の一方的な責めの言葉を最適な言葉に換えると次のようになります。

「ウチの部でこの考え方を通用させるにはどうすればいいか」……**組織の歯車を認識**

「可能な策をあなたの視点で早急に検討してみてくれ」……時間稼ぎで発想転換
「その手もあるが、私には考えも及ばないいい策が欲しい」……力の関係を逆手に利用
「そうせかさずにというが、時間がないのだ」……時間でプレッシャーを掛ける

これらのできすぎる部下への対処法は、第三者的に見れば好ましいものではありません。しかし、組織で生き抜く上では、時として姑息と思われる方法、手段に出ざるを得ないこともあるものです。相手のよくない部分を刺激して、相手を逆上させたり、立場をなくすようなことをするより、上手く相手を使うことに徹するのです。ただし、何でも認めてしまうとか、ずっと下手に出るということがあってはいけません。

できすぎる部下との付き合い方のポイントは、
・焦らず
・急がず
・憤らず
これが、組織を生き抜く知恵であり、とりわけ、できすぎる部下との関係形成の鉄則

です。

叩かれても伸びる人材に育てるには、弱い叩き方から強い叩き方へとバリエーションを変えていくといいでしょう。また、通常、組織は常に上位者の味方です。このことを肝に銘じて上下関係の形成を図るようにしていきます。

19

稼ぎに繋がる仕事をさせる

時間の活用がパイを大きくする

経営者の常套語のひとつに次のようなものがあります。

「稼ぎに繋がる活動をしてくれ。稼ぎにならない仕事は仕事ではない」

企業は、利益追求をその最大目的とします。ところが、コスト意識が希薄な社員は、自分の人件費すら念頭にない仕事をしているものです。あなたは、次のような話をどう受け止めますか。

ある社員が、クリップを机の下に落としたので、それを拾い集めていた。そこへ、上司が通りかかります。

「C君、何をしているんだ」

「ええ、クリップを落としてしまったので、拾っているのです」

「キミ、キミの時給は？　分給は？　秒給は？　こんなことを考えたことありますか？　クリップはそのままにして、仕事を続けなさい。クリップは就業時間外に拾えばいい」

人件費は、企業活動の最大のコストであり、これを圧縮させることは課題のひとつです。削減による圧縮はわかりやすいものですが、部下には費用対効果、いわゆる採算を考慮したコストの捉え方を伝えることも必要です。クリップ事件の上司はそのことをC君にわからせたかったのです。

就業時間内に会議やミーティングを禁止する。事務用品は使い切ってから補充する。名刺の単価を算出させる。不要な照明は消させる。このような細かな管理がコスト管理には欠かせません。そして、そのことを上司は率先垂範していかなければなりません。言行一致の行動が強く求められるのです。

ある大手のコンピュータメーカーの経営者の言葉を紹介しましょう。

「ウチの社員は、大型コンピュータ1台何千万円の計算しかしない。しかし、コンピュータ本体を組み立てているボルトやナットは、百、千、万単位で、一円、十円、百円というものだ。一円や十円に厳しくならないと、本当の原価意識とは言えない」

コスト（原価）は、大雑把に捉えるのではなく、極力細分化して捉えることにより、より現実味が増してきます。

クリップ一箱（百本入り）はせいぜい百円。そのクリップ百本を拾うのに要する時間は10分。果たしてC君の人件費は10分間にいくらかという計算をすればいいわけです。それ以上に、仕事の流れや集中力に乱れが伴い、生産性、効率性のダウンを招きます。このように上司は判断し、前述の言葉を部下に投げ掛けたのです。

就業時間中は稼ぎに繋がる行動に徹する。つまり、生産性、効率性を考えた動きでなければなりません。ムダが許されないのが職場、職場は戦場と捉えて欲しいものです。稼ぎに繋がらない仕事はムダ銭となります。

鎌倉時代、ある武将が滑川に落とした小銭を大枚をはたいて拾わせたという逸話が残っています。道行く人々は笑ったがものの、その武将は毅然と次のように言い放ったそうです。

「川に落ちた小銭は死銭。でも、その死銭を生き返らせるために使う銭は生き銭。拾うことで共に生き銭になる」と。

稼ぎとはこの一語に尽きます。

ムダをなくし、すべてを生きたものにする。時間は有限ですが、その貴重な時間の使い方が、企業、事業を変え、人の一生をも変えるのです。

生きた時間として活用する。それが稼ぎに繋がる根本的思想です。稼ぐとは、動くことで生産性に繋がることをすることです。すなわち、成果を生み出す動きを常に指向するということになります。

ぜひ、時間を刻むようにしてください。細分化すればするほど時間の価値が掴めてきます。

20

適職かどうかは顧客が決める

35歳の時点でやっている仕事を適職とみる

仕事への価値観や人生観というのは世代によって、また個人によってかなり違います。それについて言及しようとは思いませんが、自分の仕事が適職かどうかを、好き嫌いで判断するといった傾向が一部にあるように感じています。

好きな仕事ができて、満足のいく報酬が得られることが、誰にとっても理想でしょう。しかし、それは理想であって、現実には厳しいということを皆充分に理解しているはずです。

では、自分に向く仕事、適職、天職とは、どうやって決めるのでしょう。実際、いまの自分の仕事が、適職・天職とは言えないと思いつつ続けている人も少なくないはずです。

適職・天職は、自分が、ましてや上司が決めるものではなさそうです。

次の例を読んでみてください。

ある老人ホームで職員の募集が行なわれました。施設側としては、採用基準を充分に満たす人材はいませんでしたが、三十数人の応募者の中から、相対的順位でZさんの採用に踏み切りました。

採用したものの、Zさんについて、施設側としては、迅速な行動力不足を大きな懸念材料としていました。

ところが、職場に就いてみると、そのスローな行動が高齢者から大受けし、一躍、職場の人気者となりました。高齢者から厚意をもって迎えられ、その丁寧な対応ぶりが良い評価を得たことで、本人はすっかり高齢者相手の仕事が好きになったようです。

Zさんは、当初、自分には勤まるかと思いながら就いたそうです。ところが、いざやってみると、顧客（利用者）から必要とされ、仕事に自信と誇りを持つことができたのです。その後も誠心誠意、高齢者のために働き続けました。

実はZさんは、何度も転職を繰り返してきて、35歳の時点で高齢者相手の仕事に巡り会ったのですが、ここでようやくこの仕事を天職と捉え、定年までこの仕事をやり抜こうと心に決めることができました。

「あなたは、この仕事に向いていないかも」と、顧客から指摘されたとしたら、その根拠となる事実を見極めなければなりません。

しかし多くは、この問い掛けを常日頃から、部下自身が自らに投げ掛けつつ仕事をしています。

「向いていないのではないかと自分では思っているのですが、何とか好きになろうと努力はしています。そこのところで、支援・指導をいただければ幸いです」

「そうだな。まず、自分の会社や扱っている製品に誇りを持つことだ。そして、仕事そのものに、自分でしかできないという自信を持つことだ。どんな仕事も辛く苦しいものだ。毎日仕事が楽しくて仕方がないなんて人はまずいない。だからこそ、一生懸命にやっている仕事に誇りを持つのだ。そして、仕事の中に少しでも楽なところや楽しめる部分を見い出せばいい。例えば、顧客サービスに徹していれば、仕事のやり方が変わってくる。あなたも、30代に達した。35歳前後でやっている仕事こそが天職だと思っていいだろう。ここが一番の踏ん張りどころだ。どんな相談でも、遠慮なくぶつけて欲しい」

こんな言葉を投げ掛けてやれれば、名上司の看板が掲げられるでしょう。間違っても、

「仕事は根性でやるものだ。根性が腐っているからそんなことを言うのだ」

などと口にしてはいけません。

先にも触れましたが、人には能力差などほとんどありません。あるとすれば、根性だという人も中にはいます。全く的外れな指摘ではないとしても、根性といった精神論ですべてを片付けてしまうのは大変危険です。

35歳前後でやっている仕事が、なぜその人にとっての天職と言えるのでしょうか。35歳前後にもなれば、自分の周囲の状況が明確になります。しかも、人生途上で、人生の最盛期であり、仕事を通した生涯プランが形として捉えられるようになる時期でもあるわけです。そのような最高の状況であるこの時点でもって、仕事の中に自分を見い出すことができなければ、その人にとって、仕事人生は最悪なものになる危険性が潜んでいます。

ですから、上司としては、部下の仕事を考える時、35歳前後に絶頂期を迎えさせてやるのが良いのです。早咲きか、遅咲きかは、その人本人の問題です。ビジネスマンとして順当に成長させてやり、そのための良い環境作りをすることが、上司としての仕事です。

仕事には保有する能力を淘汰する作用があります。残ったものが専門性となるのです。